ID0860765

Les Éditions du Boréal
4447, rue Saint-Denis
Montréal (Québec) H2J 2L2
www.editionsboreal.qc.ca

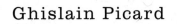

Ghislain Picard

Pierre Trudel

Ghislain Picard

entretiens

TRAJECTOIRES

Boréal

La Chaire de recherche du Canada en études québécoises
et canadiennes de l'Université du Québec à Montréal
est fière d'appuyer financièrement la collection « Trajectoires »,
dirigée par Alain G. Gagnon.

Les Éditions du Boréal reconnaissent l'aide financière du gouvernement
du Canada par l'entremise du Programme d'aide au développement
de l'industrie de l'édition (PADIÉ) pour ses activités d'édition et remercient
le Conseil des Arts du Canada pour son soutien financier.

Les Éditions du Boréal sont inscrites au Programme d'aide aux entreprises
du livre et de l'édition spécialisée de la SODEC et bénéficient du Programme
de crédit d'impôt pour l'édition de livres du gouvernement du Québec.

Diffusion au Canada : Dimedia
Diffusion et distribution en Europe : Volumen

*Catalogage avant publication de Bibliothèque et Archives nationales du Québec
et Bibliothèque et Archives Canada*

Picard, Ghislain

   Ghislain Picard : entretiens

   ISBN 978-2-7646-0647-6

   1. Picard, Ghislain – Entretiens. 2. Indiens d'Amérique – Québec (Province) – Politique
et gouvernement. 3. Assemblée des Premières Nations. 4. Administrateurs des Premières
Nations – Québec (Province) – Entretiens. 5. Leaders indiens d'Amérique – Québec (Province) – Entretiens. I. Trudel, Pierre, 1951- . II. Titre.

E90.P52A5   2009   971.4004'970092   C2009-940273-4

PRÉSENTATION DE LA COLLECTION

Plusieurs acteurs importants de l'histoire québécoise récente, souvent sur le point de se retirer de la vie publique, souhaitaient partager leur expérience et leur savoir, sans trouver l'espace approprié pour le faire. C'est pour combler ce manque que nous lançons cette collection.

Sous la direction d'Alain-G. Gagnon, titulaire de la Chaire de recherche du Canada en études québécoises et canadiennes de l'Université du Québec à Montréal, les livres de la collection « Trajectoires » prennent la forme d'entretiens avec des bâtisseurs du Québec contemporain. Ils se veulent porteurs de mémoire, de réflexion et d'espoir pour les éveilleurs de conscience et leurs successeurs. Il s'agit de jeter des passerelles entre le passé, le présent et l'avenir, pour ne pas que se rompe le fil de l'histoire.

Hommes et femmes, chefs de file francophones et anglophones, leaders autochtones, syndicalistes, altermondialistes, spécialistes des sciences sociales et grands commis de l'État font l'objet de cette collection. Nous débutons avec Ghislain Picard, depuis dix-sept ans chef de l'Assemblée des Premières Nations du Québec et du Labrador, dont l'anthropologue Pierre Trudel a recueilli les propos. Les réflexions de cet acteur politique au long cours, à la fois circonspect et déterminé, apportent un éclairage inédit sur la trajectoire de toute une nation (en fait, de dix nations) et sur les rapports qu'elle construit avec la nation québécoise.

AVANT-PROPOS

C'est à la suite d'une conférence de Ghislain Picard à l'Université McGill en avril 2004 que j'ai proposé au chef de l'Assemblée des Premières Nations du Québec et du Labrador de faire ce livre. La conférence avait résumé l'histoire politique des Premières Nations au cours des quarante dernières années. Les étudiants du programme d'études sur le Québec écoutèrent attentivement Ghislain Picard rappeler les grands moments de mobilisation depuis les années 1980 : le rapatriement de la constitution canadienne et la reconnaissance des droits des peuples autochtones ; les conférences constitutionnelles qui ont suivi et qui devaient donner un contenu à ces droits, mais qui échouèrent ; l'entente de Charlottetown, qui prévoyait la création d'un troisième ordre de gouvernement pour les Autochtones mais qui, elle aussi, fut rejetée par la population lors d'un référendum ; et la fameuse crise d'Oka de 1990 : soixante-dix-huit jours de face à face armé entre les policiers de la Sûreté du Québec, les militaires des Forces canadiennes et des Mohawks qui s'opposaient à un projet de développement domiciliaire et à l'agrandissement d'un terrain de golf.

Ghislain Picard expliqua que, une fois passés ces grands

moments de mobilisation à l'échelle du pays, les leaders autochtones s'étaient retrouvés moins unis, moins mobilisés, et davantage interpellés par l'urgence de résoudre les problèmes sociaux et la grande pauvreté de leurs collectivités. La conférence mettait en lumière le cheminement personnel de Ghislain Picard, qui en était venu à la conclusion qu'il fallait travailler à guérir les communautés et les individus, sinon l'autonomie politique ne pourrait se réaliser.

J'ai senti à ce moment qu'il était mûr pour faire un premier bilan du cheminement de sa pensée. Son expérience en politique devait être mieux connue de la population, étant donné son rôle clé en tant que leader politique. Quelle pensée politique se trouve derrière cet Innu que l'on voit depuis si longtemps représenter les Premières Nations du Québec ? Quelle organisation retrouve-t-on derrière Ghislain Picard ? Comment fonctionne cette Assemblée des Premières Nations du Québec et du Labrador ? Quelles y sont les questions débattues ? Quelle est la position de Picard par rapport aux aspirations nationales du Québec ? Quel bilan fait-il de ses dix-sept ans comme chef de l'APNQL ? À travers ces entretiens, j'ai voulu mieux faire connaître ce leader autochtone et combler un vide dans la connaissance de la vie politique des Premières Nations du Québec. On comprend toujours mieux les choses lorsqu'on les replace dans leur contexte.

Les entretiens se sont déroulés entre 2005 et 2008. Ce livre ne les reproduit pas intégralement, il s'agit plutôt d'une synthèse. Ceux qui connaissent Ghislain Picard reconnaîtront ses idées mais pas son style. En effet, écriture oblige, il importe de préciser que le style « direct » appartient davantage à l'auteur de ces lignes qu'à Ghislain Picard. Le chapitre 5 reprend des propos tenus par le chef de l'APNQL à l'UQAM en mars 2007 lors d'un débat public sur « Les Premières Nations et les élections québécoises », propos auxquels j'ai ajouté ceux d'un entretien privé subséquent[1]. Dès le départ, nous nous sommes entendus, Ghislain et moi, pour que ce livre soit accessible à un vaste public et aux jeunes, autant ceux des Premières Nations que ceux du Québec en général. C'est la raison pour laquelle j'explique, en annexe, en quoi consistent la Loi sur les Indiens, la Convention de la Baie-James et du Nord québécois, la Paix des Braves, la crise d'Oka et la Commission royale sur les peuples autochtones. Ces notions permettent de mieux comprendre les questions abordées lors des entretiens. Nous souhaitons que ce livre contribue à une meilleure connaissance des uns et des autres.

Dans un premier temps, nous tentons de mieux connaître l'homme, sa personnalité, les grandes étapes de sa vie et les circonstances de son engagement politique. En rendant compte d'une réunion de l'Assemblée des chefs, Ghislain Picard nous fait ensuite participer, en quelque sorte, à ses délibérations. Nous connaîtrons donc mieux l'Assemblée des Premières Nations du Canada (APN) et l'APNQL, ainsi que les rapports qu'entretiennent ces deux organisations. Nous abordons également la situation actuelle de la Loi sur les Indiens, qui a tant influencé le cours de l'histoire des peuples autochtones au Canada. En commentant une élection fédérale (celle de 2006) et une élection québécoise (celle de 2007), nous avons l'occasion de discuter des enjeux politiques associés à chacun de ces ordres de gouvernement au Canada. Les textes et les discours de Ghislain Picard présentés ensuite permettent d'approfondir certaines questions soulevées

---

1. Un compte rendu de ce « Midi des Nations », auquel participèrent également Alain-G. Gagnon, la journaliste Josée Boileau et moi-même, est paru dans Recherches amérindiennes au Québec, vol. 37, n° 1 (2007), p. 89-94.

lors des entretiens, telles la question juridique, la situation socioéconomique, la diversité culturelle et la situation de la langue innue.

Annoncée à quelques reprises à l'occasion de nos entretiens, la dernière entrevue, qui devait porter sur lui-même, n'aura finalement jamais lieu. Disons-le simplement, Ghislain Picard n'aime pas parler de lui. Il s'est livré quelque peu à Pierre Brochu, réalisateur de plusieurs portraits qui a filmé *Ghislain Picard, Innu,* documentaire d'une heure pour Canal D. Le documentaire relate la vie du chef de l'APNQL et rappelle un moment dramatique de sa vie, la mort de son père. Journalier sur des chantiers de construction, le père de Ghislain perd la vie en même temps que son frère dans un accident de travail à la centrale hydro-électrique Outarde. Ils seront ensevelis par la « terre-mère », transformée et bouleversée par l'appétit des Blancs. Tragédie aussi pour Marcelline Kanapé, qui perd ses deux frères et qui rappelle comment à partir de ce décès, son neveu, Ghislain, devient en quelque sorte père d'une famille de quatre enfants, étant lui-même l'aîné. La mère de Ghislain, jeune veuve de trente ans, doit relever le défi de subvenir aux besoins de ses quatre enfants. « Nous avons toujours bien vécu, se rappelle Ghislain Picard, mais un peu tassés.» Lui s'occupe de sa famille endeuillée, comme aujourd'hui il s'occupe des Premières Nations… en voyageant partout, comme l'avait fait son père, qui était également bûcheron et arpenteur à ses heures. « Absent six jours sur sept », nous dit Ghislain Picard.

Ghislain est né en 1955 sur la Côte-Nord, à Pessamit (Betsiamites, en amont de Baie-Comeau). Il est père de trois enfants dont la mère est mohawk, et il a aujourd'hui six petits-enfants. Sa tante, Marcelline Kanapé, qui a été directrice de l'école secondaire Uashkaikan, a aussi fait de la politique à titre de chef du conseil de bande de Pessamit. Elle est devenue membre de l'Ordre national du Québec en 2005.

Pendant plusieurs années, elle a enseigné à son neveu. « C'était l'étudiant que tout professeur rêve d'avoir [...] un premier de classe. [...]. Et tellement réservé, tellement que je n'ai pas de photos de lui à cette époque car, probablement, il s'esquivait. »

Parce que sa mère accorde beaucoup d'importance aux études, Ghislain se retrouve dans le réseau des collèges classiques, qui vit ses dernières heures. Le secondaire se passe en ville, à Baie-Comeau. Départ dimanche après-midi, retour vendredi soir. Bien qu'il étudie avec des Québécois, une certaine distance persiste entre les communautés. Les bagarres sont courantes. C'est l'époque des manuels scolaires haineux qui montrent des « Indiens » mangeant le cœur du père Brébeuf. Entre la famille et l'école, la coupure est totale. Tout se fait en français, langue que la génération de ses parents ne maîtrise pas toujours.

L'intérêt pour la politique se développe plus particulièrement au collège Manitou, le cégep amérindien situé à La Macaza, au nord de Montréal, et qui fermera ses portes trois ans après son ouverture. C'est à cet endroit que se rencontrèrent plusieurs de celles et ceux qui formeront une certaine élite intellectuelle amérindienne et qui aujourd'hui occupent des postes de commande. Interviewé à cette époque, dans les locaux de ce cégep « indien », Ghislain annonce qu'il souhaite retourner dans sa communauté et changer les choses… Les circonstances feront en sorte qu'il œuvrera plutôt hors de sa communauté.

Il commencera à « changer les choses » comme directeur du journal d'information du Conseil attikamek-montagnais, *Tepatshimuwin* (« le message »), et à la radio attikamek-montagnaise, où il sera directeur de l'information. C'est en 1989 qu'il commence sa carrière de leader politique, alors qu'il est élu vice-président du Conseil attikamek-montagnais. En 1992, il devient chef régional de l'Assemblée des Premières Nations du Québec et du Labrador. « Je n'avais pas de programme politique, et je n'ai fait aucune promesse aux chefs sinon celle de bien les représenter. » « Je ne serai pas un chef de chefs… » « Mon principe le plus important, c'est l'autonomie des communautés. » « J'évite de livrer des opinions personnelles, car je me dois de respecter la fonction que j'occupe et qui consiste à refléter l'opinion des chefs des communautés. » Ghislain Picard sera élu, sans opposition, à six reprises pour des mandats de trois ans.

Une fête a souligné ses 15 ans à la tête de l'APNQL. Plusieurs témoignages livrés à cette occasion par ses collègues et amis, que l'on peut voir et entendre dans *Ghislain Picard, Innu,* vont dans le même sens : le chef n'aime pas les honneurs et se fait plutôt discret. « Je me souviens de lui lorsqu'il avait quinze ou seize ans, dit Max Gros-Louis. Il a toujours été un gars qui sait écouter. Et il est toujours comme ça aujourd'hui. Il voulait tout savoir et posait des questions, tout en évitant de se prononcer et de livrer son opinion. » « C'est un politicien atypique, croit Raphaël Picard, le chef du conseil de bande de Pessamit (sans lien de parenté). Il est très attentif aux autres. Au cours de ses années comme chef, il a réussi la mobilisation que nous avons toujours souhaitée. » « Il demeure proche des gens et proche des gens de sa communauté innue de Pessamit. Son sentiment d'appartenance demeure fort », affirme Michèle Rouleau, ancienne présidente de Femmes autochtones du Québec. Celle-ci n'a pu s'empêcher de le taquiner en ouvrant les festivités : « C'est bien le genre d'honneur que tu aimes, n'est-ce pas Ghislain ? »

Lise Bastien, ancienne élève au collège Manitou et aujourd'hui directrice du Conseil en éducation des Premières Nations, avoue n'avoir pas été surprise de voir Ghislain Picard s'engager en politique. « Il était très réservé mais aussi très engagé », dit-elle. Cette personnalité réservée, s'accompagnant d'une certaine timidité qu'il reconnaît volontiers, lui a sans doute donné le profil de l'emploi pour représenter autant de positions, de nations et de communautés différentes, tout un monde aux aspirations diverses et partageant une certaine allergie à la délégation de pouvoirs politiques à une organisation centrale.

« Société sans État » oblige. Contrairement aux sociétés gérées par un État et qui s'appuient sur une « histoire officielle », les sociétés dites « communautaires » et « sans État » ont souvent été qualifiées de « sans histoire ». Voici ce qu'a écrit un anthropologue, Pierre Clastres, au sujet de ce type d'organisation sociale : « L'histoire des peuples qui ont une histoire est, dit-on, l'histoire de la lutte des classes. L'histoire des peuples sans histoire, c'est, dira-t-on avec autant de vérité au moins, l'histoire de leur lutte contre l'État[2]. » On comprend ici qu'il ne s'agit pas de la lutte contre un État colonisateur, qui caractérise déjà depuis longtemps les peuples autochtones du monde, mais bien d'une tradition politique qui conserve au niveau des communautés l'essentiel du pouvoir de décider. Tout au long de ces entretiens, Ghislain Picard manifeste son appui à cette tradition politique autochtone, tout en constatant, comme on le verra, qu'elle pose problème dans l'action politique concrète.

Je remercie pour leurs commentaires Sylvie Loslier, professeure d'anthropologie au cégep Édouard-Montpetit et responsable du Service interculturel collégial, Pierre Lepage, de la Commission des droits de la personne et de la jeunesse du Québec et auteur de *Mythes et Réalités sur les peuples autochtones*, Nelcya Delanoë, professeure à l'Université de Paris X-Nanterre, ainsi qu'Alain-G. Gagnon, professeur de science

---

2. Pierre Clastres, *La Société contre l'État*, Paris, éditions de Minuit, 1974.

politique à l'Université du Québec à Montréal et directeur de
la Chaire de recherche du Canada en études québécoises et
canadiennes. Je tiens également à remercier Andrée Lajoie,
du Centre de recherche en droit public de l'Université
de Montréal, Jean Leclair, professeur à la Faculté de droit de
l'Université de Montréal, et Pierre Noreau, aussi professeur à
cette faculté et directeur du projet Peuples autochtones et
gouvernance, qui ont tous appuyé ce projet, de même que
Pierre Brochu, réalisateur de *Ghislain Picard, Innu.*

Pierre Trudel

PREMIÈRE PARTIE

LES ENTRETIENS

Chapitre 1

L'ENGAGEMENT POLITIQUE

■ *Comment s'est fait votre éveil politique ?*

Lorsque j'étais jeune, avec les amis, on ne se posait pas trop de questions sur l'identité innue. Du matin jusqu'au soir, nous vivions et parlions en innu. Nous rêvions même en innu ! Je me souviens de certains films. Il en passait quelquefois dans ma communauté, à Pessamit, et ce n'étaient pas toujours les plus récents. Ces productions cinématographiques provoquaient une réaction identitaire. Les « Indiens » étaient toujours les méchants. Ça nous troublait.

Plus tard, j'ai participé à un projet sur la culture innue, projet que nous avons réalisé avec les aînés. Nous les avons enregistrés. C'est alors que j'ai constaté que la langue et la culture se perdaient. Nous n'arrivions à comprendre que les trois quarts de ce qu'ils nous racontaient. La langue changeait, et les aînés nous parlaient de situations que nous ne connaissions pas. L'un d'entre eux nous raconta comment il avait été sollicité pour devenir chaman ! Et pourquoi il avait finalement refusé. Nous ne pouvions nous imaginer que cela puisse nous arriver. Ce n'est qu'après avoir enregistré les aînés que nous avons pris conscience que la culture innue disparaissait. Et rapidement !

La perspective de perdre leur culture ne semble pas avoir préoccupé grandement nos parents. Ils nous envoyaient à l'école, où rien n'était innu, sans trop s'inquiéter des conséquences. La priorité des générations qui m'ont précédé était tout simplement de se faire une place dans le système. N'oublions pas qu'ils vivaient à l'époque du règne de l'agent des Affaires indiennes. Le chef et ses conseillers n'avaient pas vraiment de pouvoir, contrairement à aujourd'hui.

C'est dans les années 1970, au collège Manitou, un cégep qui réunissait entre 700 et 800 Autochtones à La Macaza, dans les Laurentides, que s'est produit pour moi le choc de la rencontre des multiples identités amérindiennes. Les élèves du collège provenaient de partout au Canada, même des États-Unis. Ce fut un réveil total. Autant pour la diversité amérindienne que pour ce que nous avions en commun. Dakota, Wounded Knee… De loin nous entendions les rumeurs du militantisme amérindien sans nous y identifier vraiment. Nous nous interrogions même à savoir qui avait raison dans ces affrontements armés qui se produisaient aux États-Unis.

Je ne suis pas allé dans un pensionnat, on venait de les fermer. Des gens de ma famille les ont fréquentés. La réalité des pensionnats n'a pas été la même ici que dans l'Ouest canadien mais l'impact a été le même. Il y a eu des abus, bien sûr, mais pas autant que dans l'Ouest. La mobilisation pour dénoncer ces pensionnats ne s'est pas développée ici comme dans le reste du pays. Ce ne sont pas seulement les jeunes pensionnaires de ces institutions qui ont subi des abus entraînant des séquelles pour le reste de leur vie : leurs enfants — et ils sont nombreux — en subissent toujours les conséquences.

Rappelons que les premiers pensionnats sont apparus au Canada dans les années 1830. En 1879, une politique étatique s'est développée afin d'étendre ce système partout au Canada et elle a été maintenue jusqu'en 1969. Ces écoles fonctionnaient en partenariat avec des églises chrétiennes. Des

Métis ont également fréquenté ces établissements, et, plus tard, entre 1950 et 1970, des Inuits. On estime qu'il y en a eu 130 dans l'histoire du pays, dont 80 étaient en activité dans les années 1930. La grande majorité se trouvait dans l'Ouest canadien ; il n'y aurait eu que quatre pensionnats au Québec. Aujourd'hui, environ 80 000 personnes vont bénéficier d'une entente hors cour qui se chiffre à 2,2 milliards de dollars.

La fonction de ces établissements était d'assimiler les Autochtones. Une partie importante des enfants des Premières Nations ont été séparés de leur famille pendant de longues années. Cette séparation et des méthodes souvent violentes visaient à faire disparaître les cultures distinctives des Autochtones. La violence sexuelle était généralisée. Les communautés religieuses, à l'exception de l'Église catholique, se sont aujourd'hui excusées auprès des Autochtones. Le premier ministre Harper l'a fait au nom du gouvernement canadien à la Chambre des communes, le 11 juin 2008.

■ *Le collège Manitou était sûrement très différent de ce qu'avaient été les pensionnats amérindiens dirigés par les congrégations religieuses ?*

Oui ! Affilié aux cégeps Dawson et Ahuntsic de Montréal, ce collège était majoritairement fréquenté par des Autochtones anglophones. Environ le tiers des professeurs était autochtone. Une partie importante des cours visait la formation des maîtres, afin qu'on puisse combler les postes d'enseignants dans les écoles de nos communautés. C'était à l'époque du mouvement qui avait pour objectif la prise en charge de l'éducation par les Autochtones. Il y avait de très nombreuses activités sociales et culturelles au collège Manitou. Ce fut tout un choc pour un jeune comme moi, qui n'étais pas beaucoup sorti de ma communauté. J'ai donc pris conscience de la diversité autochtone, mais aussi des graves problèmes qui touchaient de nombreuses collectivités. Je l'ai vu à travers notre manque de sérieux qui s'exprimait. On n'était pas nécessairement tous à notre place au collège… Derrière nous, j'imaginais les problèmes que pouvaient vivre nos familles dans les communautés. J'ai donc compris encore mieux la gravité des problèmes que vivaient les collectivités autochtones.

Nous développions un sentiment d'appartenance commun, entre autres en regardant certains films. C'était l'époque des grandes productions, comme *Little Big Man* ou *Soldier Blue*, qui renversaient la vapeur et montraient une tout autre version de l'histoire que celle à laquelle m'avaient habitué les vieux films vus dans ma communauté. Je revois encore l'expression des visages des étudiants amérindiens à la suite de la projection des séquences montrant les massacres perpétrés par la cavalerie américaine. Ces émotions amplifiaient le sentiment d'identité commune et, surtout, contribuaient à notre refus de nous faire imposer cette « histoire officielle » à laquelle nous ne croyions plus beaucoup de toute façon. Ces films comblaient donc un vide. Les Innus et les Amérindiens des Plaines ont vécu une histoire différente, mais l'impact du colonialisme a été le même. Malgré une situation historique différente, nous étions tous blessés à la suite de la projection de ces films. Nous faisions des liens entre l'histoire américaine et la nôtre. L'histoire des « massacres » des missionnaires par les Iroquois devenait à nos yeux de plus en plus suspecte. Comme les récits qui, en général, réduisaient ou ignoraient notre contribution à l'histoire. Ces films nous faisaient prendre conscience du caractère planifié de l'intervention de l'État, ce qui expliquait que nos communautés manquaient aujourd'hui de volonté politique. Le pouvoir leur échappait.

En somme, en voyant ces films, nous constatons qu'une réalité semblable à celle des Amérindiens des Plaines avait paralysé nos communautés. Le chef ne décidait pas grand-chose pendant que l'agent des Affaires indiennes signait les chèques… Bien sûr, ces films américains ne montraient pas des Innus et des castors, mais il y avait une façon commune de coloniser qui nous sautait aux yeux.

Les jeunes de mon époque se dressaient, contestaient, remettaient en question une certaine version de l'histoire que des professeurs nous avaient enseignée. Ce fut un réveil. Pour moi, ça a été très marquant.

■ *Qu'est-ce qui a été le plus important dans le développement de l'identité commune entre toutes ces nations ?*

C'est probablement cette histoire de conquête que nous avions subie en commun. Spontanément, les jeunes Amérindiens se sont retrouvés dans la nouvelle version de l'histoire que nous projetaient ces films vus au collège Manitou. Par contre, disons-le, des frictions existaient entre certaines nations, par exemple entre celles qui avaient l'anglais ou le français comme langue seconde, ou encore entre les Mohawks et les Innus, probablement à cause des récits anciens de nos vieilles querelles. Ce n'était pas toujours l'amour fou entre nous… Mais au fond, les enjeux politiques autochtones nous réunissaient. Au-delà des cours et des activités culturelles, les expériences vécues au collège ont contribué à mobiliser toute ma génération. L'Association des Indiens du Québec (AIQ) a aidé à mettre en place le collège Manitou et elle s'y réunissait de temps à autre[1]. Les jeunes se mobilisaient contre le

---

1. Fondée en 1965, l'AIQ représentait l'ensemble des Amérindiens du Québec. Au début des années 1970, lors du débat juridique et politique qui portait sur le développement de la Baie-James, les Cris

gouvernement fédéral et plusieurs trouvaient que l'Association était trop près de ce gouvernement.

■ *En quoi consistait cette première mobilisation politique ?*

À cette époque, la politique québécoise ne nous préoccupait pas beaucoup. Nous étions encore dans la foulée du Livre blanc fédéral de 1969, qui visait à réduire à sa plus simple expression notre identité politique au Canada en abolissant les réserves et la Loi sur les Indiens et en faisant de nous des citoyens des provinces du Canada sans distinction juridique ni politique *(voir l'annexe 1)*. C'est le ministre fédéral des Affaires indiennes de l'époque, Jean Chrétien, qui a présenté ce document définissant la politique indienne du gouvernement de Pierre Elliott Trudeau. La nouvelle politique prônait l'égalité des citoyens. L'État devait légiférer et retirer la Loi sur les Indiens. Les Premières Nations ont réagi vivement contre cet énoncé de politique et ont forcé le gouvernement à le retirer. Les mouvements politiques nationaux autochtones contemporains se sont développés au cours de cette mobilisation des Premières Nations contre le Livre blanc.

Le collège Manitou n'a duré que trois ans. Une petite enquête établirait sûrement que le gouvernement fédéral n'était pas le seul à en souhaiter la fermeture. Selon certains, l'Association des Indiens du Québec y a aussi contribué parce qu'elle a vu se développer au collège un certain militantisme qui lui paraissait trop radical — ou qui pouvait le devenir. Les

---

(suite de la note 1)

décidèrent de s'en retirer et fondèrent le Grand Conseil des Cris du Québec, ce qui entraîna la dissolution de l'AIQ et suscita la formation d'organisations régionales et à l'échelle des nations amérindiennes.

leaders de cette époque ont été critiqués et accusés de ne pas bien représenter les communautés autochtones. Nous le faisions aussi, nous, jeunes apprentis en politique.

À cette époque se sont produits ici aussi des événements du genre de ceux qui se produisaient aux États-Unis, à Wounded Knee, où une confrontation armée avait opposé l'American Indian Movement à l'armée américaine. À Kahnawake, le Conseil de bande et les traditionalistes en venaient aux mains. Cela a attiré notre attention. Nous critiquions les chefs de l'Association des Indiens du Québec, mais notre influence était limitée, étant donné que nous étions en cercle fermé.

Au cours des années 1970, le développement de l'immense projet hydro-électrique de la Baie-James nous a également poussés à nous mobiliser. J'étais opposé à ce projet et à la Convention de la Baie James et du Nord québécois, sans pourtant en saisir toutes les implications (*voir l'annexe 1*). L'atmosphère qui régnait au collège Manitou et les discussions qui avaient cours dans les corridors menaient tout droit à la remise en question de l'entente politique conclue entre les leaders cris et inuits et les gouvernements. Il s'agissait du premier traité moderne au Canada qui mettait en œuvre la nouvelle politique du gouvernement fédéral, à la suite du jugement de la Cour suprême reconnaissant l'existence de nos droits territoriaux. C'était le contraire de ce qu'avait tenté de faire le fameux Livre blanc de 1969.

Le collège a fermé ses portes en 1975, et nous nous sommes tous dispersés. Ça ne m'a pas empêché de garder un intérêt pour la politique. J'avais des enfants et je devais trouver un emploi comme tout le monde. J'ai donc travaillé pour le gouvernement fédéral et pour le Grand Conseil des Cris du Québec. En 1978, je me suis retrouvé au Conseil attikamek-montagnais. Quand l'AIQ s'est dissoute sont apparues des organisations régionales, comme celle pour laquelle j'ai travaillé, qui réunissait Attikameks et Innus.

■ *Comment s'est faite votre entrée en politique active ?*

Entre 1978 et 1989, j'ai travaillé dans le domaine des communications à Wendake : je suis devenu journaliste pour la radio et pour notre journal régional. J'ai occupé les postes de directeur du journal *Tepatshimuwin* (« le message ») et de directeur de l'information et des communications du Centre de production radio attikamek-montagnais. Un peu comme le collège Manitou, ce métier m'a conduit à mieux connaître la diversité autochtone mais, cette fois-ci, la diversité particulière des Innus. Avec mes éditoriaux à la radio et dans le journal, je pense avoir joué un certain rôle dans le développement du sens critique de ma communauté. Un peu audacieux, je remettais en question les positions du Conseil attikamek-montagnais, celui-là même qui m'engageait et me payait... Je n'étais pas le seul à critiquer, mais je pense avoir secoué un peu les communautés, qui ont commencé à exprimer plus aisément leur opinion sur les affaires courantes. Ce cheminement m'amena inéluctablement à la politique active en 1989. J'ai sauté la barrière et me suis retrouvé dans « l'élite politique » du Conseil attikamek-montagnais. Malgré que j'aie été élu avec une forte majorité à la vice-présidence, mon élection n'était pas assurée, puisque je représentais les plus jeunes qui s'opposaient à une vieille garde en position d'autorité depuis dix ans.

La population percevait notre organisation politique, le Conseil attikamek-montagnais, comme une sorte de club élitiste. C'est en partie ce qui m'a poussé à me présenter comme président, en 1989. Je sentais que j'avais des appuis. Il y avait vingt-quatre chefs qui votaient. À deux reprises, René Simon et moi sommes arrivés à égalité. Au troisième tour, c'est lui qui l'a emporté. Je voulais alors faire en sorte non pas que les gens adhèrent à ma façon de voir les choses, mais plutôt qu'ils développent leur propre vision de l'avenir. Après cette défaite électorale, je pris mes distances pour quelques mois.

Lorsque, en octobre 1991, Conrad Sioui a démissionné comme chef de l'Assemblée des Premières Nations du Québec et du Labrador, des gens m'ont demandé de me présenter. J'étais loin de vouloir plonger dans cette galère et je craignais de perdre mes illusions. Il faut dire que j'avais participé à des rencontres politiques de l'Assemblée des Premières Nations et qu'elles m'avaient beaucoup déçu. Pas sérieux du tout, que je pensais alors ! Peu de choses finissaient par sortir de ces assemblées de chefs. Il a fallu quelques mois avant que je décide de me présenter. Conrad, le chef sortant, m'y encourageait. J'ai finalement fait le saut et j'ai été élu avec une forte majorité.

Les débuts ont été excitants ; une fois de plus, c'était une véritable école de formation à la diversité amérindienne. Cela continue encore aujourd'hui. Bien entendu, je me suis éloigné de ma communauté, mais, en me trouvant au centre de la vie politique des Premières Nations, je comprenais mieux la réalité autochtone. Au début, j'étais angoissé à l'idée d'être porte-parole de ces diverses nations et communautés. Comment représenter autant d'opinions qui, parfois, souvent même, se contredisent carrément ? C'était un grand défi. Je devais prendre position dans cette diversité de points de vue. Et aussi, comment demeurer Innu et représenter l'ensemble des nations ?

■ *Est-ce aussi le fait d'être exposé désormais à la critique des autres qui vous inquiétait ?*

Non. Cela fait partie du métier ; on ne peut occuper un tel poste si on est allergique à la critique. Un chef a aussi droit à l'erreur et les gens l'acceptent. Non, je craignais plutôt de ne pas posséder suffisamment d'informations sur la diversité des Autochtones pour pouvoir les représenter correctement.

Prenons par exemple les Mohawks : comment refléter leurs points de vue ? Le défi consistait également à asseoir ma crédibilité auprès de l'ensemble des Autochtones.

■ *Au-delà de l'effet du colonialisme, le fait que les opinions ne s'exprimaient pas aisément est-il aussi lié à la culture traditionnelle en vertu de laquelle les gens doivent respecter les aînés, éviter de critiquer directement les autres ? Ces comportements ne sont-ils pas propres aux sociétés de type communautaire, comme celle des Innus ?*

Bien sûr, la tradition donnait au bon chasseur prestige et autorité. Il fallait donc le respecter. Mais, j'insiste, il n'y a pas que la culture traditionnelle qui joue un rôle. Le processus colonial planifiait à très long terme. Combien de fois la Loi sur les Indiens a-t-elle été amendée pour maintenir, systématiquement, le même objectif, celui d'empêcher le développement des individus et des sociétés ? Colonisés, les « Indiens » ne faisaient qu'exister et n'avaient qu'à se taire. C'est aussi là qu'il faut chercher l'explication de ce comportement.

Dans ce contexte colonial, on n'apprend pas à exprimer des opinions. La Loi sur les Indiens, les pensionnats, etc., ont fait en sorte que l'habileté à exprimer des opinions divergentes ne s'est pas développée dans nos sociétés post-traditionnelles ; elle est restée dormante et cela faisait l'affaire des gouvernements. Je suis entré en politique avec des opinions différentes d'une bonne partie de la population que je représentais. Le doute et la critique se sont développés ; malgré le respect dû aux aînés, il fallait que les gens apprennent à parler, à penser, à exprimer des opinions qui n'étaient pas partagées par tous. L'enjeu était devenu extrêmement important, puisque notre culture menaçait de disparaître. Le débat devait prendre place et provoquer la réflexion. On ne m'a jamais accusé de ne pas respecter la tradition ; cela n'a jamais été un argument, mais certains aînés m'ont dit : « Pour qui tu te prends ?» La porte était ouverte ; la vieille garde se faisait critiquer. De toute façon, lorsque j'y pense aujourd'hui, ce n'étaient pas vraiment les aînés qui empêchaient la critique de se développer, il s'agissait plutôt de circonstances historiques qui faisaient en sorte qu'à peu près personne ne s'opposait à l'autorité ou n'émettait des opinions divergentes.

Si je fais le bilan de mon cheminement personnel, je constate qu'il était prévisible que je me retrouve en politique active. J'ai d'abord été sensibilisé à la perte de notre culture. Cela m'a mené ensuite en communications. Je me servais des outils modernes de communication pour travailler à maintenir notre culture et notre identité. Lorsque j'ai eu l'impression d'avoir fait le tour de ce champ d'activité, j'ai décidé de passer à la politique active. Le travail dans le domaine des communications m'a été utile pour connaître et mieux comprendre l'environnement social et politique. J'avais de l'énergie, le goût de m'impliquer et des idées. Je voulais les mettre en pratique.

Ma tante, Joséphine Bacon, aujourd'hui poète et cinéaste, travaillait avec des anthropologues, tels Rémi Savard, Sylvie Vincent et José Mailhot. Elle a servi d'interprète lors des nombreuses entrevues qu'ont menées ces chercheurs chez les Innus et elle a traduit les récits de la tradition orale innue qu'ils ont analysés. Elle a aussi enseigné la langue innue à l'Université de Montréal. Ma rencontre avec ces chercheurs a contribué à développer mon intérêt pour notre langue et notre culture.

Me frayer un chemin en politique n'a pas été facile. L'opinion des jeunes était moins valorisée à cette époque. C'était aussi une question de nombre. Les jeunes sont plus nombreux aujourd'hui et cela contribue sûrement au fait qu'ils s'expriment plus aisément. Moi, à cette époque, j'hésitais ; il m'a fallu me frayer un chemin et cela a pris un certain temps.

La vie politique autochtone à cette époque était fermée sur elle-même. Et c'est encore un peu vrai de nos jours. Sous le régime de la Loi sur les Indiens, le domaine de la politique se limitait à ce qui se passait dans une communauté. Selon nous, les membres de l'élite politique d'alors ne s'opposaient pas assez vigoureusement à cette loi qui nous gouvernait. Je conviens aujourd'hui que cette critique que nous leur adressions était facile et gratuite. Nous ne connaissions pas les limites de leurs possibilités lorsque nous leur demandions de se révolter. Autrement dit, l'agent des Affaires indiennes régnait en maître avant eux, mais, même à leur époque, il n'était pas très loin... Nous dénoncions leur trop grande proximité avec le ministère des Affaires indiennes et les contraintes que cette situation imposait au développement de nos sociétés.

■ *L'intérêt que des membres de votre famille portaient à la culture, la présence de votre tante Joséphine Bacon ou encore votre rencontre avec des chercheurs ont eu une certaine influence sur votre cheminement politique. Y a-t-il eu des politiciens ou d'autres personnages qui ont servi de modèles à celui qui, depuis maintenant dix-sept ans, est à la tête de l'Assemblée des Premières Nations du Québec et du Labrador ?*

Je ne vois pas vraiment. J'ai bien aimé le duo Lévesque-Trudeau. J'ai compris assez rapidement que la vie politique mène parfois à la complaisance, ce qui, à mon avis, n'était pas le cas chez ces deux hommes. Il y avait du « vrai » dans ces politiciens. Lévesque et Trudeau avaient des convictions, le premier peut-être plus encore que le second. Attention !

Je ne tiens absolument pas à prendre parti pour l'un ou pour l'autre! Mais à mes yeux, le cheminement de René Lévesque se compare un peu au nôtre. Sa blessure, sa « descente aux enfers », nous aussi, nous avons connu cela. On peut toujours espérer la lune, mais il y a différentes façons de s'y rendre… On est parfois porté à croire qu'une chose prendra dix ou quinze ans, alors qu'il faut plutôt l'attendre vingt ou trente ans… Il faut s'assagir, trouver des compromis ou d'autres façons d'atteindre son objectif. Les convictions sont importantes en politique, il faut cependant savoir comment avancer.

■ *Avez-vous eu l'occasion de rencontrer René Lévesque?*

Oui, lorsque je travaillais comme journaliste à la SOCAM, organisation qui relevait du Conseil attikamek-montagnais. Sans hésiter, il avait accepté de donner une entrevue à notre radio, ce que nous avons beaucoup apprécié.

On peut dire la même chose de l'attitude de Lucien Bouchard. Cela se passait au début de ma carrière politique. Les organisations autochtones l'ont rencontré et un certain accord politique se trouvait sur la table. Le gouvernement souhaitait donner une conférence de presse à ce sujet en notre compagnie, pour montrer qu'il agissait. Moi, je ne pouvais pas y assister, parce que les communautés algonquines ne se sentaient pas prêtes à s'associer à un tel accord et s'étaient retirées de la table. Les fonctionnaires faisaient des pressions pour rendre l'entente publique, mais je résistais, expliquant que je devais consulter davantage les communautés, surtout celles qui s'étaient retirées de la table de discussion. Lucien Bouchard a freiné l'ardeur de ses fonctionnaires et leur a imposé de respecter notre cheminement. Ça, je l'ai apprécié.

Pendant mes cinq premières années à l'Assemblée des

Premières Nations du Québec et du Labrador, j'ai travaillé avec Ovide Mercredi. Il était le grand chef de l'Assemblée des Premières Nations du Canada à l'époque. Son discours m'impressionnait. Il ne connaissait pas bien le contexte québécois, mais il savait consulter. Nous l'avons informé de la situation. C'était à l'époque où je m'initiais à la vie politique autochtone à l'échelle nationale. J'en garde un bon souvenir et je respecterai toujours cet homme.

Chapitre 2

DE LA POLITIQUE
CHEZ LES PREMIÈRES NATIONS

■ *L'Assemblée des Premières Nations du Québec et du Labrador (APNQL) fait partie de l'Assemblée des Premières Nations du Canada (APN). Qu'est-ce que l'Assemblée des Premières Nations ?*

Les Premières Nations ont été longtemps exclues de la vie politique du pays. C'est sans doute parce qu'elles n'avaient pas d'organisation pancanadienne, puisqu'elles sont dispersées sur un vaste territoire, mais c'est aussi parce que le gouvernement interdisait qu'une telle organisation se forme. Après la Première Guerre mondiale, il y a eu quelques tentatives de bâtir une organisation politique *nationale* mais elles ont échoué. Après la Seconde Guerre mondiale, la North American Indian Brotherhood a été formée, puis elle a été dissoute au cours des années 1950. En 1961, le Conseil national des Indiens réunissait les Métis, les Indiens inscrits et les Indiens non inscrits — c'est-à-dire ceux qui conservent une identité autochtone sans être inscrits au registre du ministère des Affaires indiennes, et qui n'ont donc pas les mêmes droits. Cette alliance entre Autochtones de différents statuts dans une même organisation n'a pas tenu, à cause des grandes divergences de points de vue et d'intérêts. En 1968, les Indiens inscrits ont formé la Fraternité nationale des Indiens, l'ancêtre de l'Assemblée des Premières Nations. Les Métis et les Indiens non inscrits, eux, ont créé le Conseil des Autochtones du Canada, l'ancêtre du Congrès des peuples autochtones. La Fraternité nationale des Indiens est devenue un groupe de pression efficace et s'est impliquée dans de nombreux dossiers, comme l'éducation et la santé. Le rapatriement de la constitution en 1982 a secoué la Fraternité, qui s'est transformée en Assemblée des Premières Nations (APN). Cette transformation visait une meilleure représentation des chefs au sein de l'organisation nationale.

L'Assemblée des Premières Nations du Québec et du Labrador est partie prenante de l'APN, qui représente les chefs des Premières Nations de tout le Canada. Les deux organisations ont des modes de fonctionnement qui se ressemblent. Elles examinent les projets de loi qui touchent les Premières Nations, se prononcent sur les politiques gouvernementales en matière autochtone et exercent des pressions afin que les gouvernements tiennent compte de la position des chefs, telle qu'elle s'est exprimée en assemblée.

À l'échelle du Canada, l'APN représente environ 630 communautés. Les dix chefs régionaux représentant les provinces canadiennes siègent à l'exécutif de l'organisation centrale. Ces chefs ont tous les mêmes responsabilités, quoique parfois, vu la diversité des dossiers à maîtriser, certains chefs qui possèdent des compétences spécifiques se retrouvent avec des responsabilités particulières.

Les chefs régionaux doivent faire le pont avec l'organisation centrale, tout en ayant leurs propres organisations. Dans chaque région, le chef coordonne les activités politiques des diverses communautés. Il s'agit en premier lieu d'identifier les dossiers qui concernent l'ensemble des nations. Est-ce une question relevant d'une seule communauté ? A-t-elle des effets sur l'ensemble ? Notre rôle consiste à déterminer qui sera responsable des dossiers : l'Assemblée des chefs ou une communauté avec son chef et ses conseillers.

J'ai aussi la responsabilité d'agir en tant que porte-parole après avoir consulté les chefs. Il faut dire que cette fonction est devenue plus importante avec le temps. Elle m'accapare davantage, sans doute trop. Les circonstances historiques des années 1980 ont provoqué cette évolution et, pour mieux comprendre ce qui a donné tant d'importance à ce rôle de porte-parole, il importe de rappeler ces événements.

Avant 1982, le Canada n'avait pas le droit de modifier sa constitution sans l'accord d'un autre pays, la Grande-Bretagne. Le gouvernement libéral de Pierre Elliott Trudeau a mis fin à cette situation, sans l'assentiment du Québec. Les Premières Nations se sont mobilisées afin que, contrairement à la constitution de 1867, la nouvelle constitution reconnaisse leurs droits. À la dernière minute, on a ajouté une disposition reconnaissant les droits ancestraux et existants des peuples autochtones, sans toutefois les définir *(voir l'annexe 2)*. Pour cette raison, l'entente sur le rapatriement de la constitution prévoyait une conférence des premiers ministres afin de combler cette lacune. Elle eut lieu en mars 1983. Les provinces montrèrent alors qu'elles n'étaient pas prêtes à négocier le droit inhérent des peuples autochtones à l'autonomie politique. Le Québec a participé à cette conférence mais, question de principe, il a refusé de se prononcer sur les propositions à cause de son opposition au rapatriement de la constitution. Il a laissé son droit de parole aux Autochtones qui accompagnaient la délégation québécoise. D'autres conférences ont alors été projetées, mais elles non plus n'ont pas atteint les objectifs qui avaient été fixés. Ces conférences constitutionnelles ont contribué à ce que la population prenne conscience de l'existence des peuples autochtones au Canada. La télévision a diffusé pendant plusieurs jours des images inédites de politiciens autochtones inconnus du public qui maniaient l'art de la parole et de l'argumentation aussi bien que leurs vis-à-vis non autochtones, les premiers ministres fédéral et provinciaux.

Puis, en 1992, est venu l'accord de Charlottetown, qui visait à résoudre le litige soulevé par le rapatriement de la constitution canadienne en 1982. Cet accord avait l'appui du gouvernement libéral du Québec de l'époque ainsi que des organisations autochtones canadiennes. Contrairement à l'accord du Lac Meech de 1987, qui visait à résoudre ce même litige constitutionnel, l'entente de Charlottetown traitait des droits des peuples autochtones, droits qu'on leur avait reconnus dans la Loi constitutionnelle de 1982 sans les définir. Le texte de l'accord de Charlottetown reconnaît la nécessité d'un troisième ordre de gouvernement au Canada — en plus de celui des provinces et du gouvernement fédéral — et définit les grandes lignes de l'autonomie politique autochtone. C'était à l'époque un compromis acceptable pour les organisations autochtones. L'accord a été soumis à un référendum et la majorité de la population canadienne s'y est opposée. Les Autochtones s'y sont opposés également en majorité, mais seule une faible minorité, environ 30 %, a participé au vote.

Ainsi, à l'époque de l'accord de Charlottetown, nous avons passé de longs mois en réunion. La question était déterminante pour nous, puisque cet accord constituait l'aboutissement de la mobilisation qui avait débuté en 1980 avec le rapatriement de la constitution et les conférences constitutionnelles. En tant que porte-parole, je devais maintenir la solidarité et la mobilisation. C'est lors de ces événements que nous avons construit la crédibilité et la force de notre organisation politique.

■ *Décider sur quels dossiers les chefs doivent se pencher et tra-vailler pour les faire avancer ne relève-t-il pas davantage de l'action politique que de la fonction de porte-parole?*

Les deux aspects de la fonction de chef sont importants. Nous constatons cependant que nous passons plus de temps à réagir qu'à agir. C'est ce qui s'est produit à l'époque du rapatriement de la constitution. Ce rapatriement et les événements qui s'ensuivirent ne sont pas sortis de notre agenda politique mais bien de celui du gouvernement fédéral. Encore aujourd'hui, nous devons constamment réagir aux politiques et à la mise en place de programmes gouvernementaux, ce qui accapare trop de temps et d'énergie. Nous avons souvent l'impression que des lois qui ont des répercussions sur nous nous passent littéralement sous le nez. Une de mes collabo-ratrices nous a bien fait bien rire en parlant du « syndrome du *oups!* », qui illustre le fait qu'un projet de loi qui nous touche vient de nous passer sous le nez, sans que les gouver-nements nous aient consultés.

Nous avons l'impression de trop réagir et de ne pas assez agir pour orienter le développement de la société dans laquelle nous voulons vivre. Exemple : agir pour donner de nouvelles perspectives d'avenir aux jeunes. Nous n'avions pas le choix à l'époque du rapatriement de la constitution, des conférences constitutionnelles et de l'accord de Charlotte-town. Nous devions réagir à l'environnement politique. Il fal-lait influencer le cours des événements. Aujourd'hui, je pense que nous devrions devenir plus proactifs dans la création de forums qui doivent nous mener à construire notre société. Mais nous sommes constamment sollicités et nous devons réagir et intervenir lors de nombreuses manifestations publiques. Par exemple, voici quelques années, toutes nos énergies ont servi à participer au Forum des générations organisé par le gouvernement du Québec. J'ai dû ensuite assister à un colloque sur l'avenir — pas très rose — des langues autochtones, où j'ai pris la parole. Il est très important de représenter les nations autochtones lors de ces événements ; c'est dans notre intérêt. Mais il faut chaque fois déterminer si cette participation nous est vraiment utile et profitable, car nos moyens sont limités. Notre système est simple : nous en faisons le plus possible, mais nous n'avons jamais assez de temps. De plus, nous ne sommes pas autonomes financièrement : 95 % de notre financement provient des gouvernements, ce qui fait qu'encore là nos énergies sont employées à rendre des comptes et à remplir des rapports financiers. La vérificatrice générale du Canada a déjà souligné que nous avons trop de rapports à faire parvenir aux gouvernements, ce qui réduit notre efficacité.

Les chefs des communautés se réunissent trois fois par année. C'est là que je reçois le mandat qui me permet de prendre position et d'être porte-parole. J'ai cependant une certaine autonomie, car les événements m'obligent constamment à prendre position. Avec l'expérience, j'ai fini par connaître les limites, la marge de manœuvre dont je dispose. Parfois, je fais quelques appels téléphoniques qui me guident dans mes prises de position.

Notons aussi que l'Assemblée des Premières Nations du Québec et du Labrador comprend des commissions — santé, économie, développement durable, etc. — qui font avancer les dossiers. En tout, nous avons une centaine d'employés.

Un dossier n'attend pas l'autre. Nous passons beaucoup de temps à informer les chefs de l'évolution des nombreux dossiers qui demandent un suivi, ainsi que de ceux qui s'ajoutent entre les réunions. Nous sommes de plus en plus interpellés sur toutes sortes de questions et nous devons en rendre compte aux chefs. Il s'agit de dossiers spécifiquement autochtones mais aussi de ceux qui nous concernent indirectement. Par exemple, les libéraux du Québec, sous le leadership de

Jean Charest, ont pris position sur le développement durable. Nous ne partageons pas nécessairement la même conception du développement durable. Pour nous, cependant, il s'agit d'une question très importante, et nous nous sommes prononcés. Ainsi, nous ne négligeons pas les questions générales qui nous intéressent et qui ont des impacts sur les Autochtones, mais nous ne disposons pas des ressources humaines pour les suivre de façon satisfaisante. Il faudrait engager une personne à temps plein qui travaillerait uniquement là-dessus.

Nos réunions constituent une véritable petite assemblée des Nations Unies. Les membres sont libres d'y adhérer. C'est la même chose pour ce qui est de notre organisation nationale. Il y a 38 chefs au Québec et 2 au Labrador. Les 9 chefs cris ne participent plus à nos assemblées depuis longtemps. Les dernières fois qu'ils ont participé activement remontent à l'époque du référendum sur l'accord de Charlottetown et au second référendum sur la souveraineté du Québec. C'est la seule nation à entretenir une relation ambiguë avec l'Assemblée des Premières Nations du Québec et du Labrador ; cela s'explique peut-être par les liens particuliers qu'elle entretient avec les gouvernements et qui se sont développés au fil d'ententes politiques, telles la Convention de la Baie James et du Nord québécois et la Paix des Braves. Les Innus du Labrador se trouvent présentement dans une situation de leadership politique difficile : des conflits internes rendent la situation instable et font en sorte qu'il n'y a pas de représentation de leur part.

Autour de notre table, on trouve les chefs des Premières Nations qui parfois arrivent accompagnés de conseillers, eux aussi élus par la population. On trouve également des représentants de l'organisation Femmes autochtones du Québec et du Regroupement des Centres d'amitié autochtone — cette dernière organisation représente plus particulièrement les Autochtones en milieu urbain. Nous nous distinguons nettement des autres organisations régionales de l'Assemblée des Premières Nations du Canada car nous avons intégré ces organismes à nos structures.

La participation et l'assiduité diffèrent selon que notre assemblée se tient dans une communauté éloignée ou dans une grande ville. L'ordre du jour influence également la participation des chefs. J'ai remarqué que la dynamique de nos réunions est un peu différente lorsqu'elles ont lieu sur le territoire d'une communauté des Premières Nations, sans doute parce que les chefs se sentent davantage observés. Les débats suscitent de l'intérêt au sein de ces communautés.

■ *L'absence des Cris à l'APNQL s'explique-t-elle aussi par le fait qu'ils sont davantage unis au sein de leur propre organisation politique, contrairement aux autres nations ?*

L'Assemblée des Premières Nations du Québec et du Labrador est en quelque sorte, pour les communautés, le canal qui leur permet de faire connaître leurs besoins et leurs points de vue auprès des gouvernements. Les Cris jugent peut-être avoir suffisamment de moyens pour communiquer avec ces instances politiques. C'est une situation qui s'explique par l'histoire récente. L'unité politique des Cris date de leur retrait de l'ancienne Association des Indiens du Québec, à l'époque des travaux de la Baie-James ; elle a mené, comme on le sait, à la signature d'un traité moderne entre eux, les Inuits et les gouvernements du Québec et du Canada. Notons cependant que les Abénaquis et les Attikameks se sont eux aussi unis au sein d'une organisation politique ; les Micmacs de la Gaspésie ont fait de même récemment.

La structure de nos réunions est très flexible, peut-être trop. Certains trouvent que le caractère volontaire de la participation, au lieu d'un engagement politique clair vis-à-vis de l'APNQL, ne nous rend pas service, car il nous empêche de présenter une plus grande fermeté dans nos prises de position. Cette structure flexible influence également la nature de nos discussions. Par exemple, jusqu'où aller, au moment de prendre position et d'engager l'ensemble des nations sur certains dossiers, lorsque les chefs des Premières Nations concernées ne se présentent pas ?

Nous traitons donc des dossiers que nous mettons à l'ordre du jour. D'autres s'ajoutent à la dernière minute, ceux qui sont liés à l'actualité politique. Apparaissent aussi inévitablement des questions soulevées par des chefs. Ainsi, le chef algonquin de Grand-Lac-Victoria (Kitcisakike), communauté sans eau courante, nous a présenté lors d'une assemblée des chefs un projet modèle de développement pour sa communauté. Il s'agit de reconstruire les infrastructures de ce village d'environ 450 personnes, où les gens vivent dans des conditions de précarité extrême. Richard Desjardins a dénoncé cette situation dans son film *Le Peuple invisible*. Il s'agit d'un projet d'environ 80 millions de dollars. Comme le logement est une priorité pour nous, nous ne pouvions refuser d'écouter ce chef présenter son projet de communauté modèle.

Parfois, nous acceptons aussi des interventions privées. C'est le cas de la famille de Terry Lalo. Terry est mort écrasé par une voiture de la police municipale de Sept-Îles qui le poursuivait. La famille de la victime conteste les conclusions de l'enquête sur sa mort. Elle affirme que l'intervention policière était biaisée. Elle a décidé de s'adresser à nous.

L'une de nos dernières assemblées des chefs, qui a duré deux jours et demi, était un peu spéciale parce que nous y avons reçu trois commissaires qui préparent un document sur le renouvellement des structures de l'Assemblée des Premières Nations du Canada. Nous les avions rencontrés à deux reprises avant notre assemblée afin qu'ils tiennent compte de notre point de vue dans la rédaction de leur rapport.

À l'ordre du jour de nos assemblées se trouvent inévitablement les dossiers « nationaux ». Certains trouvent que notre ordre du jour est trop souvent déterminé par celui du gouvernement fédéral. C'est pourquoi nous avons abordé l'importante question soulevée à la table ronde instaurée par le gouvernement libéral de Paul Martin et qui reprend la question de l'instauration d'un gouvernement des Premières Nations à l'échelle du pays, comme l'avait proposé la Commission royale sur les peuples autochtones en 1995.

Devant ces dossiers qui nous viennent de l'APN, nous ne voulons pas laisser le train passer, même si cela doit se faire parfois aux dépens de questions plus locales. Ainsi, lors de cette assemblée des chefs, nous avons accordé un peu plus de place aux problèmes pancanadiens, parce qu'il était question du rapport sur le renouvellement des structures de l'APN, mais aussi à cause de la situation minoritaire du gouvernement conservateur. C'est une situation qui peut faire en sorte que l'État soit plus à l'écoute des Premières Nations ; c'est la raison pour laquelle nous, du Québec-Labrador, avons senti le besoin de clarifier nos positions afin que l'APN en tienne compte.

Paul Martin se montrait à l'écoute des Autochtones. Après le retrait du projet de loi C-7, qui aurait pu modifier unilatéralement la Loi sur les Indiens, Paul Martin a organisé en 2004-2005 des rencontres entre les premiers ministres canadiens et les représentants des cinq principales organisations autochtones au Canada. Ces rencontres visaient à faire le point sur la situation socioéconomique des Autochtones. Un plan d'action a été tracé afin de réduire l'écart entre les conditions de vie des Autochtones et celles des autres Canadiens, et ce plan a été approuvé par les Autochtones. Cette « table ronde », comme on l'a appelée, a conduit à l'entente de Kelowna de novembre 2005. Après la défaite électorale de Paul Martin, les trois partis politiques de l'opposition à la Chambre des communes ont critiqué le nouveau gouvernement conservateur parce qu'il ne mettait pas en œuvre l'entente de Kelowna. Celle-ci consistait essentiellement à hausser les sommes qu'on attribuait aux services aux Autochtones afin de réduire l'écart des conditions de vie. Il s'agit principalement de sommes destinées à l'éducation, à la santé et au logement. Cette entente reprend un peu la proposition de la Commission royale sur les peuples autochtones, qui avait conçu en 1995 un plan de développement s'échelonnant sur vingt ans. La Commission avait estimé qu'en 2016, si la situation de pauvreté ne changeait pas, celle-ci coûterait 11 milliards de dollars à l'État, en tenant compte de l'augmentation des coûts de l'aide sociale, des autres programmes sociaux et des pertes de productivité et d'impôt.

La table ronde réunissait les cinq grandes organisations nationales, soit l'Association des femmes autochtones du Canada, le Congrès des peuples autochtones, l'Assemblée des Premières Nations, l'Inuit Tapariit Kanatami et le Ralliement national des Métis. Les discussions sur la gouvernance des Autochtones sont complexes et elles sont liées à différents gouvernements. Bien entendu, au plus haut niveau, il est inévitablement question d'une loi fédérale qui pourrait remplacer la Loi sur les Indiens. De son côté, l'APNQL a la responsabilité de tenir des discussions avec le gouvernement du Québec, comme le fait l'Assemblée des Premières Nations avec Ottawa. Les discussions ou les négociations qui touchent notre autonomie politique se font avec les différents paliers de gouvernement.

Cette assemblée des chefs de l'APNQL a aussi abordé nos relations avec le gouvernement du Québec. Jean Charest et moi-même avons signé en juin 2003 une déclaration commune d'engagement pour harmoniser nos relations. C'est ce qui a entraîné la mise en place du Conseil conjoint des élus. Quatre rencontres ont eu lieu. Nos priorités sont les ressources naturelles et le territoire, le développement économique, la fiscalité et les services publics. Au Conseil conjoint des élus, nous traitons des dossiers litigieux qui font régulièrement surface. C'est là qu'il a été question des procédures judiciaires qu'entreprend la communauté de Pessamit au sujet des coupes forestières sur l'île René-Levasseur ou encore des barrages routiers érigés par les Algonquins de Lac-Simon. Il s'agit de modifier les pratiques de l'industrie forestière. Il a aussi été question de la cogestion de territoires innus et algonquins. En assemblée des chefs, nous avons traité de l'opportunité de continuer les discussions avec le gouvernement du Québec malgré ces litiges.

C'est devant le Conseil conjoint des élus que l'idée d'un sommet socioéconomique sur les questions autochtones a été avancée. L'Assemblée des Premières Nations du Québec et du Labrador et le gouvernement du Québec, à l'occasion notamment du Forum des générations de 2004, avaient donné leur appui à ce projet. J'ai signé un accord avec Jean Charest de façon à saisir l'occasion de l'arrivée d'un nouveau gouvernement (en 2003) pour systématiser nos relations et faire avancer les dossiers. D'ailleurs, cet accord contenait une clause visant à mettre en œuvre dans un avenir rapproché la résolution de 1985 de l'Assemblée nationale du Québec pour instaurer un mécanisme permanent assurant la collaboration entre le Québec et les Premières Nations *(voir l'annexe 3)*.

Le bilan de notre participation au Conseil conjoint des élus est négatif. C'est peut-être en partie parce que nous n'avions pas les mêmes attentes au départ. Les discussions tenues au sein de ce conseil ne sont pas transmises aux ministères du gouvernement du Québec ; je pense ici plus particulièrement au ministère des Terres et Ressources. Le Conseil des élus n'a pas d'influence sur les décisions des ministères.

De plus, notre participation à ce conseil est de plus en plus remise en question, parce que nos communautés traînent lourdement plusieurs contentieux importants avec le gouvernement du Québec, dont la question de la foresterie. Faire comme si de rien n'était à ce conseil signifierait que nous endossons l'immobilisme du gouvernement. Il y a donc peu de retombées de ce Conseil conjoint des élus.

Le Canada est connu comme un pays où la qualité de vie est élevée. Les indicateurs socioéconomiques montrent clairement que les Autochtones se trouvent sous la moyenne nationale. Le Forum socioéconomique que nous organisons vise à corriger cette situation[1] ; il ne peut être strictement économique, car l'économie autochtone se trouve dans un contexte social particulier dont il faut absolument tenir compte. C'est l'orientation que j'ai voulu lui donner dès le départ. Plusieurs de nos communautés ne se portent pas bien ; elles doivent suivre un processus de guérison. D'ailleurs, l'Assemblée des Premières Nations du Québec et du Labrador a tenu une assemblée spéciale portant exclusivement sur le phénomène des communautés qui vivent des crises sociales. Je suis convaincu que notre autonomie politique est intimement liée à notre situation économique et à la capacité des gens à être autonomes sur le plan individuel.

Comment expliquer l'ampleur du désœuvrement dans nos communautés ? Au-delà des données statistiques qui montrent l'existence du problème, il faut trouver des explications ! C'est une question troublante et complexe. Comment expliquer ces taux élevés d'alcoolisme ? Et les drogues ? J'apprends que l'usage du cristal se répand maintenant. Ce n'est pas cher et on dit que ça cogne. Il est urgent

---

1. Le Forum socioéconomique des Premières Nations (du Québec) s'est tenu à Mashteuiatsh, au lac Saint-Jean, du 25 au 27 octobre 2006.

d'intervenir ; contrer ce phénomène n'est pas une mince affaire. Les enjeux sont considérables.

■ *Le Forum socioéconomique des Premières Nations vise-t-il donc à échanger de l'information et à mobiliser les gens sur des pistes de solutions ?*

Le Forum vise avant tout à développer des partenariats, par exemple avec les municipalités ou des entreprises non autochtones. Il pourrait aussi être l'occasion de diffuser des histoires de réussites, des modèles qui peuvent en inspirer d'autres.

Nous avons eu des rencontres avec l'Union des municipalités du Québec ; l'organisme a mis en place un caucus de villes voisines de communautés autochtones. Ces municipalités se sont montrées intéressées à développer des partenariats ; elles veulent faire quelque chose. L'expérience nous a appris qu'il était important d'obtenir d'autres collaborations que celle du gouvernement du Québec, sinon nous risquons de perdre le contrôle de ce forum. Plus le milieu participe, plus nous arriverons à des résultats durables.

Le Forum peut être une occasion de nous fixer des objectifs. Il faudra cependant être vigilants, parce que nous manquons de ressources. On ne peut fixer des objectifs de développement sans s'assurer qu'il y a des ressources humaines pour les réaliser. Présentement, nous brûlons la chandelle par les deux bouts. Nos gens accomplissent deux ou trois tâches en même temps. Ils sont épuisés et nous devons souvent les remplacer. Ce n'est pas sain ; on ne peut pas continuer de cette façon. C'est comme si nous avions autant de responsabilités que les gouvernements sans avoir les ressources humaines pour les assumer. Lorsque nous rencontrons les représentants des gouvernements pour discuter, d'un côté de la table se trouvent deux ou trois Autochtones pendant que, de l'autre côté, siègent jusqu'à une quinzaine de représentants gouvernementaux. Cela donne une idée de la situation.

■ *Le projet de développer des liens avec des municipalités serait-il en relation avec un certain constat : la Loi sur les Indiens et d'autres pratiques institutionnelles ont isolé les collectivités autochtones, ce qui favorise la pauvreté ?*

Il y a sûrement divers facteurs. Le système nous a isolés. Je me souviens de la façon dont ma communauté était perçue de l'extérieur : « la réserve de Bersimis ». Pour notre fête communautaire, le 15 août, certains de nos voisins venaient nous visiter. Pour eux, il s'agissait d'un voyage exotique. Puis on ne les revoyait plus du reste de l'année. Nos rapports se réduisaient donc à peu de choses, malgré des siècles de cohabitation. Il faut mieux nous connaître et harmoniser nos relations, pour les générations futures.

Nous intégrer à notre environnement économique et social ne signifie pas nous assimiler. Nous allons de plus en plus nous doter de structures gouvernementales qui auront été conçues directement par les communautés. Nos voisins doivent mieux nous connaître et respecter nos différences. Ici, je pense plus particulièrement à notre spiritualité. C'est un aspect moins visible de notre culture, si on le compare avec notre langue, mais il est très important ; nos voisins doivent y porter attention et le respecter.

■ *Quelles autres questions avez-vous abordées au cours de cette assemblée des chefs des Premières Nations du Québec et du Labrador ?*

Nous avons accepté la proposition de l'organisation Femmes autochtones du Québec de nous présenter un rapport sur la situation à Kanesatake. Ce document présentait un projet visant à pacifier la communauté à la suite d'une autre « crise d'Oka », interne cette fois-ci : en janvier 2004, la maison du chef avait été incendiée parce que des opposants n'appuyaient pas une intervention policière qu'ils jugeaient illégale *(voir l'annexe 1)*. Des observateurs de Kanesatake ont décidé d'intervenir dans notre assemblée ; nous les avons écoutés, mais un chef a finalement exigé que les règles établies soient respectées, plus particulièrement celle qui dit que les observateurs doivent avoir l'appui d'un chef pour prendre la parole. Les délibérations de notre assemblée se sont momentanément arrêtées, à cause de cette intervention de certains Mohawks de Kanesatake. Il n'empêche que le document présenté par Femmes autochtones du Québec a été bien accueilli par les chefs.

■ *James Gabriel, dont la maison a été incendiée, était-il présent ?*

Il a assisté seulement à notre première journée d'assemblée. Nous n'avons pas soulevé l'épineuse question de sa représentativité. La position de certains chefs s'est modifiée sur cette crise, surtout parce que c'était la fin de son mandat comme chef et que sa prolongation avait été décidée par le ministère canadien des Affaires indiennes, appuyé par Québec. Certains chefs semblaient mal à l'aise à cause de sa présence à notre assemblée. Je ne sais pas pourquoi il ne s'est pas présenté les jours suivants.

■ *Que dit le rapport de Femmes autochtones du Québec ?*

Le rapport ne proposait rien pour régler l'impasse politique, mais suggérait d'intervenir à moyen et à long terme afin de réconcilier la communauté. Femmes autochtones nous informait du fait qu'il s'agissait de la première étape d'une mission de pacification réalisée en collaboration avec des experts de l'Université Concordia. Où mènera ce rapport ? À d'autres étapes d'intervention, selon ce que nous a dit Femmes autochtones. Des chefs ont cependant fait remarquer que cette démarche coûtait très cher.

■ *Comment ont réagi les chefs mohawks devant cet imbroglio ?*

Ce qui s'est produit reflète bien la situation en pays mohawk. Un membre du Conseil de Kahnawake s'est montré très intéressé par le rapport tandis qu'un autre Mohawk, d'Akwesasne, semblait regretter de ne pas avoir pu connaître le revers de la médaille qui, de son point de vue, devait se trouver dans la version des observateurs de Kanesatake à qui l'on avait retiré le droit de parole. L'attitude de la majorité des chefs, y compris certains chefs mohawks, dénotait de l'indifférence, voire une certaine impatience. « Vous ne pourriez pas passer à autre chose ? » semblaient-ils penser. Va-t-on donner toute la place à l'impasse politique qui n'en finit plus à Kanesatake ? Il y a d'autres problèmes, par exemple le suicide chez les jeunes, une question sur laquelle nous travaillons présentement.

■ *Y a-t-il des propositions qui sont adoptées lors de l'assemblée des chefs ? Fonctionnez-vous au moyen du système de la majorité simple ?*

Je me fais la même critique qu'à l'Assemblée des Premières

Nations du Canada : parfois aucune proposition n'est adoptée parce qu'il n'y a plus quorum après deux jours et demi de réunion. Il ne serait pas démocratique de soumettre une question au vote quand il y a tant d'absents. Ces absences s'expliquent aisément : trois jours de réunion signifient, avec les déplacements, une semaine d'absence de la communauté. C'est beaucoup pour des chefs qui ont peu de disponibilité. Il est donc courant qu'après deux jours et demi certains doivent retourner dans leur communauté, qui est souvent assez éloignée.

Nous présentons des propositions en visant le consensus. On recherche l'unanimité. Nous nous sommes déjà divisés sur une question à l'occasion d'un vote, ce qui a jeté un froid parmi nous. Nous évitons de répéter cette situation. Ce n'est pas toujours facile d'atteindre le consensus lorsque se présentent des questions difficiles. C'est au président d'assemblée de s'assurer que la discussion a épuisé le sujet et que tous les efforts ont été faits pour obtenir l'unanimité. On demande souvent à celui qui est à l'origine de la proposition contestée de tenir compte des commentaires et de revenir avec une formulation plus consensuelle.

Depuis deux ou trois ans se développe chez les chefs une plus grande préoccupation sociale. C'est comme si nous ne voyions plus le politique détaché de l'économie et de la société en général. Nous constatons que notre évolution politique dépend de l'économie, de la santé, des infrastructures, etc. Notre pouvoir politique est en étroite relation avec notre capacité à améliorer notre société, à réduire le malaise social. L'appui enthousiaste des chefs au projet de Forum socioéconomique montre bien cette orientation. C'est pour cela aussi que, à cette assemblée, les chefs ont réagi très positivement à l'idée d'instaurer une ligne téléphonique d'urgence-écoute pour aider nos jeunes, comparable à ce qui existe chez les Québécois, comme Tel-jeunes.

■ *J'aimerais revenir sur l'Assemblée des Premières Nations du Canada. D'abord, pourquoi un renouvellement des structures ?*

La création d'une Commission de renouvellement découle d'un engagement politique du chef actuel de l'Assemblée des Premières Nations, Phil Fontaine, lors de sa campagne électorale. Depuis cinq ou six ans existe un véritable malaise au sein de l'APN. Cela se reflète dans le déroulement de nos assemblées. La prise de décisions, le choix des dossiers dits communs posent problème. Le mauvais fonctionnement de nos assemblées nuit à la force de nos prises de position politiques. De toute façon, le dernier changement dans nos structures s'est produit voilà vingt ans ; les gens croient qu'il est temps de se pencher à nouveau sur la question.

Il est proposé que l'on modifie le statut d'une instance nommée *Confédération des chefs*. Sous l'Assemblée des chefs, composée du grand chef et des dix chefs régionaux — dont moi-même —, se trouve une instance qui n'a pas de pouvoir décisionnel mais qui est responsable du suivi des résolutions adoptées dans les assemblées qui se tiennent trois fois l'an. La Confédération des chefs est composée de près de 75 chefs de communautés, lesquels sont désignés au prorata de la population des régions. Ainsi, comme au Québec nous sommes environ 75 000 Autochtones, 7 chefs siègent à la Confédération des chefs. La question est la suivante : puisqu'il y a environ le même nombre de participants — voire parfois plus — aux assemblées spéciales de chefs qu'aux assemblées générales, la Confédération ne devrait-elle pas obtenir un pouvoir décisionnel ?

■ *Quelles recommandations l'Assemblée des Premières Nations du Québec et du Labrador a-t-elle adressées à la Commission de renouvellement de l'APN ?*

Nous avons demandé que la langue française soit mieux

acceptée au sein de nos instances pancanadiennes ; notre participation y est limitée à cause d'un certain unilinguisme. Nous avons aussi proposé d'abolir la Confédération des chefs — ce qui a été retenu — parce qu'elle ne répond plus aux besoins pour lesquels elle avait été créée, à l'époque des conférences constitutionnelles des années 1980. Il faut la remplacer par des réunions spéciales de chefs qui auraient formellement un pouvoir décisionnel, contrairement à la Confédération des chefs.

Par ailleurs, nous demandons un meilleur partage des ressources financières. Le secrétariat de l'APN devrait faire une meilleure distribution des ressources disponibles parce que nos responsabilités à l'échelle de notre région sont également très importantes.

■ *L'APN a finalement rendu publiques les propositions de réforme de ses structures. Il est question entre autres de rendre la participation plus « inclusive », de mieux tenir compte des Autochtones vivant à l'extérieur des réserves, d'élire le chef national au suffrage universel. Qu'en pensez-vous ?*

Ce sont des changements nécessaires. La situation actuelle, surtout à l'extérieur du Québec, fait en sorte qu'une proportion croissante de gens migrent vers les centres urbains. L'APN fait l'objet de sévères critiques parce qu'elle ne représente pas bien ces populations. Il est donc important de réformer nos structures, car, présentement, c'est comme s'il y avait deux classes de membres des Premières Nations. On justifie ce *double standard* en alléguant que le système est fondé sur les conseils de bande. Les services sont donnés par les conseils qui, en général, reçoivent des budgets en fonction du nombre de gens qui demeurent dans la réserve. Il leur est évidemment difficile de dispenser des services publics aux non-résidents.

■ *Appuyez-vous l'idée d'élire au suffrage universel le chef de l'APN ?*

Non, pas dans le contexte actuel. À mon avis, cette recommandation soulève la question de la légitimité de l'Assemblée des Premières Nations du Canada. Qui décide, et à qui doit-on rendre des comptes ? On ne peut se lancer dans cette aventure sans voir ce qu'elle implique. Comment concilier le fait que dorénavant tous les membres des Premières Nations voteraient et éliraient un chef « national » avec le maintien du système décisionnel actuel, dans lequel ce sont les chefs des conseils de bande qui décident des orientations politiques ? Est-ce une réforme sérieuse ? S'agit-il plutôt de changements accessoires qui donnent l'impression de tenir compte de l'ensemble des citoyens des Premières Nations, y compris de ceux qui vivent en dehors des réserves et qui, cette fois-ci, pourraient voter ? Je me le demande. J'en appuie le principe, mais ce vote doit donner une légitimité. Il doit être significatif pour tous ceux qui votent, y compris pour l'Autochtone de Winnipeg ou de tout autre centre urbain.

■ *Craignez-vous que le vote des « hors-réserves » soit plutôt symbolique ?*

Oui, un peu comme pourraient le devenir les comités de citoyens ou d'autres comités proposés dans la réforme et qui visent à rendre l'APN plus inclusive. Si les chefs des conseils de bande conservent tel quel leur pouvoir, nous n'allons pas obtenir l'appui de ceux ou celles qui critiquent l'APN à cet égard.

■ *Faut-il plutôt permettre aux populations qui vivent à l'extérieur des réserves d'élire des représentants à l'assemblée générale ?*

C'est possible, dans la mesure où cela se ferait d'une façon ordonnée. Mais, si d'autre part, le vote universel (y compris celui des hors-réserve) donne une légitimité à un chef national, est-ce que les chefs en assemblée générale vont, eux, accepter cette nouvelle source de pouvoir ? Vont-ils répliquer en affirmant qu'ils ont été élus eux aussi ? La recommandation n'est pas assez claire pour permettre d'aller de l'avant.

■ *Comment les chefs de l'Assemblée des Premières Nations du Québec et du Labrador ont-ils réagi à ce projet de réforme de l'APN ?*

Nous n'avons pas eu jusqu'à maintenant d'intenses discussions sur ce projet de réforme de l'Assemblée des Premières Nations. En général, on s'entend sur la nécessité d'une réforme. Par contre, à l'APNQL, nous soulignons le fait que notre situation est particulière, à cause de notre grande diversité, du fait que nous réunissons une dizaine de nations autochtones. Plus substantiellement, on s'interroge sur la capacité qu'a l'organisation « nationale » de bien nous représenter. Je pense ici, entre autres, à la question de la langue. Le français ne passe pas tellement bien à l'APN. De plus, les chefs du Québec affirment que la capacité de décider appartient aux dix nations, et même aux communautés de chacune des dix nations représentées à l'APNQL. Nous sommes autonomes et avons la capacité de ne pas nous soumettre à une décision de la majorité des chefs de l'APN. Nous appuyons le projet de réforme, mais nous contestons la façon de faire.

Notons également que la formule de l'élection au suffrage universel du grand chef entre en contradiction avec un autre suffrage universel. En effet, certaines nations, telle la nation attikamek, élisent un grand chef qui, lui, ne peut se présenter aux assemblées de l'APN, selon les statuts actuels, car il n'est pas le chef d'un conseil de bande. Il en est de même des chefs héréditaires ou traditionnels de certaines autres nations. C'est un défaut de nos structures qui limite la représentativité aux quelque 600 chefs qui représentent les communautés et qui exclut les grands chefs des nations ou les chefs traditionnels.

Ainsi, pour nous, la participation des individus à l'élection du grand chef donnerait trop de pouvoir à ce dernier aux dépens de la légitimité que possède un grand chef d'une nation particulière, élu également au suffrage universel, et qui représente plusieurs communautés.

De notre côté, à l'APNQL, pour remédier au problème que j'ai évoqué des structures parfois trop flexibles de notre propre organisation, nous avons mis en place un Comité stratégique des chefs qui, avec le temps, s'institutionnalise et fait en sorte que certains chefs s'impliquent davantage.

■ *Est-ce que l'Assemblée des Premières Nations du Québec et du Labrador exerce un certain pouvoir sur les collectivités locales, par exemple par l'intermédiaire de ses commissions ?*

Clarifions : l'APNQL offre avant tout un service de secrétariat politique aux communautés, secrétariat fort modeste dans ses moyens et ses ressources. En collaboration avec le gouvernement fédéral, nous avons instauré plusieurs commissions : santé et développement social, éducation, développement économique, formation et main-d'œuvre, et, finalement, nous avons créé l'Institut du développement durable. Les mandats et les politiques des commissions sont définis par l'assemblée des chefs, et c'est à elle que les commissions doivent rendre des comptes. Mon rôle consiste à établir les liens. Par exemple, l'autre jour, j'ai animé une rencontre entre les représentants du ministère des Affaires indiennes et notre commission de l'éducation afin de discuter de plusieurs irritants.

En somme, au centre se trouve le secrétariat politique qui, lui aussi, tient ses mandats et ses politiques de l'assemblée des chefs. Le secrétariat est entouré de commissions qui ont des rôles plutôt administratifs. Ces commissions établissent des liens avec les professionnels des communautés dans leurs domaines respectifs ; d'ailleurs, elles sont composées de représentants des diverses collectivités.

■ *Est-ce à dire que votre rôle consiste à intervenir auprès du ministère afin d'orienter les politiques ? Il s'agirait d'une sorte de cogestion du domaine de l'éducation, par exemple, avec le ministère québécois ?*

Non. Depuis 1972, nous avons affirmé que l'éducation constitue un domaine de compétence qui nous est propre. Il ne faut plus discuter de la question de son contrôle. L'éducation relève de notre compétence, un point c'est tout. Et elle revient aux communautés. Le gouvernement fédéral transfère des budgets et des responsabilités aux conseils de bande et notre rôle consiste à appuyer les communautés dans leurs efforts de prise en charge de différents domaines, comme l'éducation. Le Conseil en éducation des Premières Nations du Québec reçoit des fonds des Affaires indiennes du Canada et agit au nom des communautés dans ce domaine. Les moyens nous ont cependant manqué pour assumer ces responsabilités comme nous le souhaiterions, et ils nous manquent encore.

■ *L'Assemblée des Premières Nations du Québec et du Labrador exerce-t-elle une autorité sur les communautés pour mettre en œuvre des politiques qu'elle juge importantes, ou encore pour favoriser la prise en charge de certaines compétences par les collectivités ?*

Surtout pas. L'APNQL n'a pas à décider ce que les communautés sont en mesure de faire. Dans le cas où une communauté se trouve en difficulté et ne peut pas ou ne peut plus bien administrer ses affaires, le ministère des Affaires indiennes peut intervenir. L'APNQL surveille alors la situation et veille aux intérêts de la communauté. Nous surveillons également l'impact de certaines dispositions législatives sur les Autochtones. Prenons l'exemple des politiques québécoises en matière de garderies. Puisque nous avons déjà des garderies financées par le gouvernement fédéral, il nous a fallu voir à l'harmonisation des normes entre les politiques canadienne et québécoise. On a aussi examiné la possibilité que nos employés aient leur propre fonds de retraite plutôt que celui du Québec, toujours dans un esprit d'autonomie. Notre affirmation politique se heurte particulièrement aux compétences provinciales, nous devons donc composer avec le gouvernement du Québec, sans pour autant devenir des « Québécois comme les autres ».

Vis-à-vis des communautés, ce n'est pas nous qui détenons l'autorité ; nous sommes des intermédiaires entre elles et les diverses instances gouvernementales. Parfois, nous aidons les ministères à établir un lien avec les communautés dans des situations où nous croyons que cela est nécessaire. Mais nous n'en sommes pas nécessairement heureux. Nous ne voulons surtout pas devenir la courroie de transmission d'un ministère qui, lui, veut avancer certaines politiques. L'expertise acquise au fil des années par nos commissions nous conduit à jouer un rôle d'avocat qui protège les communautés face aux différents ministères.

■ *Quel est l'avenir des commissions de l'APNQL ?*

La position que je défends auprès des gens avec qui je travaille est que nous devons transmettre aux communautés l'expertise acquise. C'est un aspect important de la gouvernance : faisons en sorte que l'information et surtout la formation raffermissent l'autonomie gouvernementale des collectivités. Ceci leur permettrait alors de négocier de gouvernement à gouvernement avec Ottawa ou Québec.

Dans le passé, je n'étais pas de ceux qui souhaitaient le développement d'une superstructure régionale à l'échelle du Québec, structure qui centraliserait la mise en œuvre de programmes ou de politiques tout en bénéficiant des transferts financiers gouvernementaux. La réalité politique a fait en sorte que j'ai finalement trouvé plus sage que nos commissions gèrent également les programmes au profit des communautés, puisque l'État s'ingère de plus en plus dans notre vie sociale et politique. Devant la multiplication de ces politiques et programmes et la précarité de nos moyens, j'ai souvent l'impression que nous nous bornons à réagir aux situations. Ceci nous place, d'ailleurs, dans une situation de constante critique plutôt que dans l'action. Face aux décisions et aux politiques des Affaires indiennes, nous avons rarement crié « bravo ! »

Ainsi, nous sommes en réflexion sur l'avenir du rôle de nos commissions. Elles devraient agir plutôt que réagir. Par comparaison avec les autres régions du Canada autochtone, je dois dire que nous administrons assez bien les programmes dont nous sommes responsables. Et nous relevons le défi de l'imputabilité, c'est-à-dire que nous rendons compte des dépenses effectuées dans de nombreux rapports que nous avons l'obligation de présenter aux gouvernements. Contrairement aux préjugés qui circulent, sauf exception, nous arrivons à bien administrer les programmes. Je pense que nous devons passer maintenant à une autre étape, celle où on atteint les objectifs de développement dans une période de temps déterminée. Par exemple : la création d'emplois, la lutte contre le diabète, la réduction du nombre d'assistés sociaux. Nous devons considérer plus attentivement notre capacité à être autonomes. Dans quelle mesure nos collectivités et les membres qui les composent sont-ils capables d'être davantage autonomes ? Les pensionnats, la politique de sédentarisation, tout cela a laissé des traces. Notre capacité à accroître notre autonomie dépend de la santé des collectivités et des individus. Nous en sommes rendus à nous demander comment guérir et rendre plus forts les Autochtones afin que notre société soit davantage autonome. Je crois que c'est là que nous en sommes.

■ *Si l'APNQL souhaite poursuivre des objectifs en appliquant des plans d'action échelonnés sur plusieurs années, ne faudrait-il pas alors dépasser le rôle de force d'influence et devenir une autorité ? Dans l'élaboration de plans d'action, il se pourrait que vous jugiez certaines pratiques déterminantes, voire incontournables, pour réaliser les objectifs fixés.*

Les commissions ont une influence sur les collectivités. Jusqu'où cela doit-il aller ? Nous réfléchissons là-dessus. Je ne crois surtout pas que nous devrions imposer des plans d'action aux collectivités. Prenons l'exemple du taux très élevé de décrochage scolaire au secondaire. Nous croyons que les communautés pourraient envisager de nouvelles solutions afin de changer la situation. Mais nous ne les leur imposerons pas. Pour être plus efficaces, nos commissions doivent collaborer davantage entre elles. La communication est insuffisante. Je tente d'instaurer des pratiques moins isolées, et de faire en sorte que toutes les commissions travaillent en commun à des objetifs bien définis et qui rassemblent les gens. Nous devons adopter une approche intégrée, horizontale, dans le cadre des activités de nos diverses commissions.

Rappelons-le, le travail est énorme. Il faut renforcer nos communautés, développer chez elles un sentiment d'appartenance ainsi que la capacité de gouvernance. Ici, il ne s'agit pas uniquement de rendre des comptes aux gouvernements quant aux dépenses publiques : il faut surtout renforcer notre imputabilité envers nos populations. Nous n'en sommes pas encore là !

■ *N'est-il pas un peu paradoxal de laisser aux collectivités tout le pouvoir décisionnel, à l'encontre des principes élémentaires d'efficacité ?*

Il est clair qu'il y a un certain paradoxe. Il y a quelques années, nous en avons discuté directement, à l'Assemblée des chefs. La question a été soulevée : comment envisager dans l'avenir le statut de notre organisation régionale, l'APNQL ? Je me pose encore la question. Une organisation régionale plus forte aurait-elle plus de moyens pour réaliser ce que je souhaite présentement, soit mettre en place une meilleure planification stratégique ? On peut toujours renforcer notre tronc commun, mais j'ai de la difficulté à trouver le bon mot pour exprimer cette réalité ; je ne suis pas à l'aise avec le terme « autorité ». L'Assemblée des Premières Nations du Québec et du Labrador pourrait assumer un certain leadership et détenir une sorte d'autorité.

■ *Lors de la discussion à ce sujet, quels points de vue ont été exprimés ?*

Cela fait maintenant vingt ans que nous existons et que nous nous réunissons. Les chefs ont choisi le type d'organisation que nous avons présentement : ils n'ont pas opté pour un gouvernement régional. Comme je l'ai expliqué plus tôt, je ne suis, avec le secrétariat politique et les commissions, qu'un porte-parole. La participation des chefs à nos assemblées est libre. Une collectivité pourrait choisir de s'abstenir de s'impliquer dans le fonctionnement de l'APNQL et y revenir quelques années plus tard. On ne peut rien imposer aux communautés. Nous n'avons pas de charte et nous fonctionnons avec un minimum de règles. Nous adoptons des propositions et nous essayons de les faire avancer. Les chefs se réunissent parce qu'ils croient qu'ils peuvent accomplir des choses en commun.

■ *Les chefs souhaitent-ils maintenir le statu quo tout simplement parce qu'ils ne veulent pas perdre du pouvoir au profit d'une organisation régionale ?*

Bien sûr, le statu quo est plus sécurisant. Il faut cependant situer cette question dans son contexte historique et politique. Le débat sur le regroupement des communautés et des nations n'est pas nouveau, celui qui porte sur le partage des pouvoirs non plus. Il y a eu l'Association des Indiens du Québec, qui s'est dissoute à la suite du départ des Cris lors du développement du complexe La Grande à la Baie-James au cours des années 1970. Ils ne se sentaient pas bien représentés par l'association provinciale. Les autres nations ont suivi le mouvement. Par la suite, en 1994, le Conseil attikamek-montagnais s'est dissout, car les trois collectivités attikameks voulaient renforcer leur propre nation ; le mouvement qui mettait de l'avant l'autonomie des communautés a mené les Attikameks à se regrouper sur la base de leur nation. Dans des organisations régionales, certaines communautés sont parfois plus fortes, plus expérimentées, et elles ont tendance à mener le jeu. D'autres, plus isolées, se sentent mises à l'écart ou dépendantes des autres.

De nos jours, nous assistons au regroupement des Micmacs ; les Algonquins, eux, sont toujours divisés et n'ont pas d'organisation commune. À mon avis, c'est très bien que le regroupement national ou régional ne s'impose pas d'en haut. Il est très important que les collectivités se trouvent dans une situation où elles doivent s'impliquer. Je crois que l'autonomie politique doit se réaliser au niveau des communautés. L'Assemblée des Premières Nations du Québec et du Labrador tire sa légitimité du fait que les collectivités s'impliquent et choisissent de le faire. C'est elles qui donneront un pouvoir à une organisation régionale.

■ *Autrement dit, au risque de perdre une certaine efficacité administrative, on gagne en représentativité politique et en participation directe.*

Exact. Cette situation est à notre avantage. C'est là que la légitimité des organisations est plus forte. Pour nous, c'est au niveau des communautés que doit se réaliser l'autonomie politique.

■ *Le modèle cri de structure politique est-il souhaitable pour les autres Premières Nations ? Je m'explique. L'APN et l'APNQL, comme d'autres organisations réunissant plusieurs collectivités autochtones, fonctionnent sur une base volontaire. Une collectivité peut se retirer et revenir dans l'organisation comme bon lui semble, par exemple en cas de conflit. Mais la convention de la Baie James a réuni les Cris dans des institu-*

*tions plus contraignantes; ils votent pour un chef et une entité
politique régionale, le Grand Conseil des Cris du Québec. J'imagine que les communautés cries ne peuvent s'en retirer aussi
facilement. L'avenir est-il du côté des Cris, ou importe-t-il à tout
prix de maintenir des institutions décentralisées à l'échelle des
communautés, comme l'a instauré au siècle dernier la Loi sur
les Indiens? Rappelons que des économistes considèrent cette loi
et la situation d'isolement qu'elle a engendrée comme un obstacle au développement des Autochtones.*

À l'APNQL, personne n'appuie le système des conseils de
bande, car cela signifierait que l'on appuie la Loi sur les
Indiens. C'est vrai aussi que nous ne pouvons improviser et
« sortir » de la Loi sur les Indiens sans prévoir une transition
et des mécanismes juridiques qui permettent de le faire sans
heurts. Je dirais que le modèle cri de structure politique m'apparaît souhaitable. Il donne clairement une certaine stabilité
politique. Pour plusieurs, c'est un idéal à atteindre. Depuis
trente ans, les changements au sein des organisations politiques des Premières Nations, ou leur éclatement pur et
simple, ont eu des conséquences négatives, dont celle de
miner notre crédibilité et de retarder l'unité et la solidarité
dans nos revendications auprès des gouvernements.

Il faut convaincre nos populations et leur montrer la
pertinence de structures politiques plus stables. Bien qu'ayant
certaines hésitations à ce sujet, j'ai toujours appuyé l'idée de
la réunification des Premières Nations. Et pourquoi pas également à l'échelle du Québec? Certaines compétences pourraient se retrouver à ce niveau, pendant que d'autres se situe-
raient au niveau de la nation et d'autres encore au niveau des
collectivités. Oui, il importe de tenter l'expérience et de la
pousser plus loin.

Chapitre 3

La recherche
de l'autonomie politique

■ *Abordons maintenant la question de la capacité de gouver-*
nance des conseils de bande. Comment celle-ci a-t-elle évolué
depuis une trentaine d'années ?

Il importe de souligner que les conseils de bande n'ont pas été
conçus pour remplir les fonctions gouvernementales qu'accomplissent les chefs de nos jours. L'agent des Affaires
indiennes prenait trop de place dans les décisions des communautés et les gens se demandaient à quoi servaient les élus
autochtones. C'était d'autant plus vrai que les nouveaux
diplômés amérindiens pouvaient tout à fait remplacer les
agents des Affaires indiennes. Au tournant des années 1970,
le mouvement Maîtrise indienne de l'éducation s'est développé, et nous avons pris en charge nos écoles. Par la suite,
une fonction publique amérindienne s'est mise en place, à
l'occasion du transfert aux conseils de bande des responsabilités et des budgets de divers programmes. À la même
époque, quand l'Association des Indiens du Québec a dis-
paru, les organismes régionaux ou les organismes représentant plusieurs nations se sont vu aussi attribuer la responsa-

bilité de programmes et de budgets gérés auparavant par les Affaires indiennes et par Santé Canada.

Rapidement, nous nous sommes rendu compte que, avec le transfert des responsabilités du gouvernement, les Autochtones se retrouvaient dans la situation où ils administraient à rabais les programmes transférés par l'État. La décentralisation se faisait sur notre dos. Plusieurs collectivités ont réalisé qu'elles ne pouvaient pas administrer ces programmes avec les ressources qu'on mettait à leur disposition.

Le financement qui a suivi le transfert de la responsabilité des programmes était souvent insuffisant. Et on ne parle pas de l'absence d'indexation, qui dure depuis parfois 20 ans ! Nous avons pris conscience alors que l'État réduisait ses responsabilités à l'égard des Autochtones. Dans l'arrêt Guérin, la Cour suprême a confirmé l'existence de l'obligation qu'a la Couronne de protéger les intérêts des Autochtones, plus particulièrement en matière territoriale. Nous nous sommes sentis floués au point que des communautés ont demandé au Ministère de reprendre certaines responsabilités, puisqu'il n'y avait pas de répartition équitable entre nous et l'État fédéral. La situation est toujours la même. Le financement pour le logement n'a pas été indexé. On tente de combler les besoins d'aujourd'hui avec les sommes prévues au début des années 1980 !

Les conseils de bande doivent composer avec cette réalité. Certains s'en tirent assez bien, d'autres non. Ici, le nombre est déterminant : les petites communautés sont plus touchées ; leur équilibre financier devient impossible.

Ainsi, dans bien des cas, c'est dans le cadre de la Loi sur les Indiens que se développe, à l'échelle des communautés, la gouvernance autochtone. Depuis les années 1990, une politique d'autonomie gouvernementale fait en sorte que des bandes ou des nations sont en mesure, au moyen d'ententes, de se soustraire à l'emprise de la Loi sur les Indiens. Environ une centaine de bandes s'en sont retirées jusqu'à maintenant et elles relèvent d'autres lois pour s'administrer. De plus, à l'occasion de la ratification de traités, des instances régionales gouvernementales sont mises en place, telles l'Administration régionale Kativik et l'Autorité régionale crie dans le Nord du Québec. Là aussi, la Loi sur les Indiens ne s'applique plus.

■ *Faisons le point sur la Loi sur les Indiens. Sa mauvaise réputation n'est plus à faire... Constitue-t-elle à ce point un carcan colonial ? J'ai été étonné de prendre connaissance de l'opinion de Neil Sterritt, dans le* Guide sur la gouvernance des Premières Nations. *Une source d'informations pour rehausser l'efficacité des conseils, publié par le gouvernement fédéral. Neil Sterritt, qui est quand même membre de la Commission de renouvellement de l'Assemblée des Premières Nations et chef autochtone de la Colombie-Britannique, avance qu'il y a divers moyens d'atteindre l'autonomie politique, dont se servir de la Loi sur les Indiens. Puisque celle-ci n'a pas été conçue en fonction de la gouvernance actuelle, les nombreux vides juridiques qu'elle présente permettraient à un conseil d'occuper de nouvelles compétences politiques, rendant ainsi réalisable l'autonomie politique. Peut-on devenir plus autonome en utilisant la Loi sur les Indiens ?*

Bien entendu, les gens se sont de plus en plus identifiés au système de cette loi. Elle constitue le fondement de l'administration publique depuis 1876. Je pense cependant que, si on demandait à l'ensemble des chefs s'il faut se débarrasser de la Loi sur les Indiens, la réponse serait affirmative. Si on leur demandait s'il faut le faire maintenant, ils répondraient non, même si elle a été un outil d'assimilation et de domination. C'est un paradoxe réel. Les gens sont conscients de la nécessité d'une transition et de la nécessité d'éviter les vides juridiques.

Cette question nous renvoie au rejet par les Autochtones de l'accord de Charlottetown en 1992. Ce rejet était probablement dû, entre autres, à une certaine inquiétude devant ce projet d'autonomie politique à l'extérieur de la Loi sur les Indiens, projet qui n'avait pas au préalable clairement établi certains paramètres. Disons-le clairement, de sérieuses questions se posent présentement dans des communautés : les droits collectifs des Premières Nations priment-ils sur les droits individuels ? Comment les concilier ? Respecte-t-on les droits des femmes ? Je pense qu'une partie importante de notre population dans les réserves est exclue de la vie publique ; certains ne peuvent pas se faire entendre autant que d'autres. Parfois, ils ne possèdent pas les mêmes droits non plus. Nous devons donc soulever d'importantes questions et les régler avant d'arriver à l'autonomie politique et de mettre de côté la Loi sur les Indiens. C'est probablement ce qui donne une certaine légitimité à la loi, malgré le rôle qu'elle a joué dans l'histoire du pays. Je doute fortement, cependant, que cette loi soit à la hauteur des attentes de la population quant aux aspirations à l'autonomie gouvernementale. Une étude récente menée en Colombie-Britannique indique qu'il existe une relation entre le taux de suicide et le type d'institutions politiques qui régit une population. Si l'organisation politique reflète les valeurs culturelles d'une collectivité, le taux de suicide diminue. Je ne pense pas que la Loi sur les Indiens reflète les valeurs profondes des Autochtones. Le gouvernement fédéral doit clairement montrer son intention d'aller plus loin que la Loi sur les Indiens. Il doit aussi rassurer les Autochtones sur la question des droits et libertés et leur montrer qu'ils ne se retrouveront pas dans une situation encore plus difficile. Les gouvernements ont la responsabilité de voir à ce que la transition se fasse dans le respect des droits de tous et de toutes.

■ *Quels sont les autres problèmes de la gouvernance autochtone actuelle ?*

La responsabilité des autorités politiques envers leurs populations mérite sans doute d'être clarifiée. Il y a aussi la question du développement de ce qu'on appelle « la société civile ». Les processus électoraux font parfois problème. Le système de la Loi sur les Indiens a favorisé la passivité et la dépendance chez les gens. Plusieurs attendent leur chèque d'aide sociale et pensent que c'est une situation normale, et qu'on leur doit ce chèque. Il faut changer cela, faire comprendre à notre population qu'elle devrait s'impliquer dans la vie politique et civile de la communauté. Ceci ne signifie pas pour autant de remettre systématiquement en question les autorités politiques. C'est donc avant tout une question d'éducation : il faut accroître la conscientisation de la population et son niveau d'éducation. Je pense que c'est un préalable à l'autonomie politique. C'est fondamental, même si c'est un sujet délicat. Je risque peut-être d'être mal compris, mais je crois que nos communautés n'en sont pas encore là.

■ *Le gouvernement fédéral a récemment tenté de modifier la Loi sur les Indiens au moyen du projet de loi C-7, qui, vu l'opposition de l'Assemblée des Premières Nations du Canada, a été retiré. Ce projet de loi prévoyait que les collectivités se doteraient de constitutions qui justement auraient visé le développement de la société civile. Se doter d'une constitution est-il la solution au problème du manque de participation de la population ?*

Oui, c'est le point de départ. Cela ramène à l'idée qu'il faut tenir compte du contexte juridique dans lequel vivent nos communautés avant d'aller plus loin dans l'autonomie politique.

La nation attikamek s'est engagée dans ce processus. D'ailleurs, le grand chef de cette nation a été élu au suffrage universel, ce qui ne s'était pas vu depuis environ un siècle. Il s'agit d'un geste politique très important, un geste d'affirmation qui renforce le sentiment d'appartenance à une même nation. Cela amène aussi à préciser le partage des responsabilités entre les communautés attikameks et leur organisation nationale.

■ *Les conseils de bande ont-ils une capacité législative et, si oui, l'utilisent-ils ?*

Un certain nombre de conseils se donnent des lois et exercent ainsi des compétences dont il n'est pas question dans la Loi sur les Indiens. Celle-ci donne peu de pouvoir en matière de législation, et c'est la raison pour laquelle des conseils vont au-delà des champs de compétence prévus par la loi. Bien entendu, ces lois ne sont pas toujours reconnues par l'État et suscitent parfois la controverse.

Cette situation persistera tant que nous ne disposerons pas d'un cadre juridique et politique approprié. Des Autochtones chassent dans leurs territoires traditionnels à l'extérieur des réserves avec des permis émis par leur conseil. J'ai même vu des Hurons de la région de Québec se procurer des permis de chasse au caribou auprès du conseil de bande des Naskapis, à Schefferville. C'est un geste qui affirme leur autonomie et qui montre que, dans de nombreuses situations, on peut se passer de l'intervention de l'État canadien lorsque nous établissons des rapports entre nations amérindiennes.

■ *N'y a-t-il pas une grande diversité dans la situation des conseils de bande ?*

Oui. Il y a des contextes différents. Prenons l'exemple de Kahnawake. Lorsque la population mohawk a commencé à s'adonner au commerce du tabac ou de l'alcool, activités dites illicites, le conseil a réagi en affirmant sa compétence dans ces domaines. Des commissions sur le commerce du tabac et de l'alcool et sur les jeux de hasard ont été mises en place afin de veiller au respect des lois adoptées par le conseil mohawk et aussi afin d'éviter une trop grande ingérence politique dans les affaires internes de la communauté. D'autres conseils font la même chose avec des lois sur la chasse et la pêche. La situation varie, et l'APNQL se penchera sur ce phénomène afin de déterminer s'il s'agit d'une voie appropriée vers l'autonomie politique.

■ *Y a-t-il davantage de communautés qui se butent à l'autorité de l'État et au carcan de la Loi dans leur volonté d'affirmation, ou bien davantage de communautés qui manquent d'expertise et de ressources pour atteindre l'autonomie ?*

Compte tenu de la situation dans laquelle elles se trouvent, certaines communautés se contentent du cadre de la Loi sur les Indiens. Pour d'autres, ce n'est clairement pas assez. Le regroupement en « conseil tribal » des communautés d'une même nation constitue un processus d'uniformisation qui réduit l'écart entre les communautés. Les plus avancées vont favoriser l'autonomie de celles qui le sont moins. Nous ne devons pas cependant retourner à une situation dans laquelle ces dernières sont mises à l'écart et dominées par les plus organisées.

À ma connaissance, il y a environ une centaine de communautés au Canada qui discutent avec le gouvernement fédéral de l'acquisition d'une plus grande autonomie politique. Ce sont des communautés qui se sentent suffisamment fortes pour ne plus relever de la Loi sur les Indiens. Il s'agit d'un processus qui découle d'une politique des Affaires indiennes mise en place vers 1994-1995. L'Assemblée des Premières Nations du Canada n'a pas participé à l'élaboration de ce processus et n'est pas impliquée dans les négociations de ces ententes. Des communautés ont donc désormais leurs propres institutions gouvernementales, et certaines les ont acquises lors de la ratification de traités ; c'est le cas des Nisga'as sur la côte Ouest et des Cris. D'ailleurs, à l'occasion de ce changement législatif, ces nations ont respectivement réunifié leurs communautés au sein d'une même organisation politique.

■ *La capacité de se gouverner s'est-elle accrue significativement pour ces nations ?*

Oui. Des moyens financiers plus importants leur donnent une plus grande autonomie. Les liens entre ces nations et les gouvernements sont aussi mieux définis. Pour ce qui est des Cris, il me semble qu'ils ont clairement acquis, à l'échelle autant de la nation que des collectivités spécifiques, une plus grande capacité à s'autogouverner. La comparaison avec les bandes administrées au moyen de la Loi sur les Indiens est nettement favorable aux Cris. Par exemple, environ le tiers des communautés amérindiennes du Québec sont dans une situation financière difficile ; elles affichent des déficits. Lès Cris évoluent dans un cadre financier plus souple. Ils ont une capacité de négociation accrue dans plusieurs domaines et signent des conventions à cette fin.

■ *Pour « sortir » de la Loi sur les Indiens, faut-il obligatoirement passer par des législations provinciales ou fédérales mettant en place de nouvelles institutions gouvernementales ?*

C'est la solution qui existe présentement. Certaines communautés choisissent cependant de passer aux actes. Elles n'attendent pas la fin d'une négociation ou l'adoption d'une loi en remplacement de la Loi sur les Indiens.

■ *Que pensez-vous de cette stratégie ?*

L'APNQL n'a pas de politique particulière à ce sujet, mais nous avons tendance à l'appuyer, cela dépend des circonstances. Cette stratégie peut faire évoluer plus rapidement les dossiers. Rappelons que le processus politique et législatif fédéral est très lourd, et nous en sommes dépendants. Kahnawake a voté des lois autorisant les jeux de hasard, des Innus ont déjà émis des permis de chasse valides à l'extérieur des territoires de la réserve. Le passage à l'acte est un geste politique. Ce geste, disons-le, vise parfois à provoquer et à faire en sorte que les gouvernements reviennent aux tables de négociations. Nous appuyons ces actions parce que nous devons être conformes à notre politique sur le droit à l'autodétermination. Il s'agit d'une règle de droit international, rappelons-le, nous ne pouvons donc pas nous situer en-deçà de ce principe.

■ *De grands besoins existent en matière de logement dans près de mille collectivités autochtones du pays. Des investissements majeurs devront être réalisés. Doit-on maintenir le même type de rapport entre les gens et leurs habitations ? Ne devrait-on pas modifier le cadre législatif et faire en sorte que la propriété privée se développe dans les communautés ? Lorsqu'elle existe dans une réserve, la propriété des habitations n'est pas du même type qu'ailleurs au pays. Changer le type de propriété pourrait avoir des conséquences sur les rapports sociaux et sur les mentalités.*

À mon avis, rien n'excuse qu'il manque 8 000 habitations dans les communautés des Premières Nations au Québec, rien n'excuse les hésitations gouvernementales à investir dans ce domaine. Les habitations sont surpeuplées, deux ou trois familles partagent parfois la même. C'est révoltant. Il faut cependant réexaminer le type de rapport qu'ont les gens avec leur habitation. Les gens doivent se responsabiliser. L'autonomie ne va pas sans la responsabilisation, et cela pourrait heurter des mentalités bien établies. Bien entendu, la population a droit au logement, et la formule juridique doit aussi être revue.

Il faudra prendre le temps de convaincre les gens de la pertinence du changement. Souvent, les gens sont locataires ; dans d'autres situations, ils sont propriétaires de leur maison, mais elle est bâtie sur des terrains qui ne leur appartiennent pas… Il faut repenser le système au complet.

Chapitre 4

OTTAWA : D'UNE ÉLECTION À L'AUTRE

■ *Passons à la politique du gouvernement fédéral. Dix ans après le dépôt du rapport de la Commission royale sur les peuples autochtones, en 1996, le gouvernement fédéral a souhaité renouveler les relations avec les Autochtones (voir l'annexe 1). Il affirmait que, depuis dix ans, la situation n'avait pas changé et qu'il fallait passer aux actes. Il proposait des changements qui semblaient rejoindre certaines recommandations de la Commission royale, comme la formation d'un comité au sein du conseil des ministres qui serait responsable du dossier autochtone, ou l'adoption d'une loi fédérale qui accélérerait et faciliterait le processus d'autonomie politique à la grandeur du pays. Étiez-vous optimiste devant ces promesses de renouveau ?*

Le premier ministre Paul Martin a instauré une table ronde en avril 2004 qui réunissait les cinq organisations autochtones nationales, les gouvernements fédéral et provinciaux. Différentes rencontres ont eu lieu et le processus s'est terminé par la signature de l'accord de Kelowna lors d'une réunion avec l'ensemble des premiers ministres à l'automne 2005. Ce processus doit réduire l'écart significatif qui existe entre nous et les Canadiens quant au logement, à la santé et à l'éducation, et c'est tant mieux. Je ne vois pas cependant comment les provinces pourront s'impliquer sans transfert d'argent du fédéral ; là se situe un des enjeux importants de la rencontre des premiers ministres. À l'occasion d'une de ces rencontres sur la santé, j'ai constaté leur réticence à s'engager, à cause des dépenses que cela entraîne.

Mais ce n'est pas dans ce cadre que se négociera une nouvelle relation politique avec les gouvernements. La table ronde visait à préparer le terrain, tout au moins. La question est complexe, et nous n'apprécions pas l'approche « panautochtone » du gouvernement qui met sur le même pied l'Association des femmes autochtones du Canada, le Congrès des peuples autochtones et le Ralliement national des Métis. Le processus de la table ronde rehaussait la reconnaissance politique de ces organisations autochtones, ce qu'elles appréciaient beaucoup. Quant à nous, nous misons sur certaines dispositions de l'accord entre l'APN et le gouvernement fédéral, ratifié en mai 2005 lors de l'une de ces rencontres[1], pour faire avancer une approche qui nous est spécifique dans le dossier de l'autonomie politique. Nous visons à obtenir une loi sur l'autonomie politique, mais nous n'arrivons pas encore à nous entendre sur cette question. Le gouvernement hésite. Puisqu'il y avait un surplus budgétaire, Paul Martin avait plutôt tendance à ne proposer que de l'argent afin d'améliorer nos conditions de vie.

C'est lorsque nous avons abordé la question de l'éducation que j'ai constaté à quel point nous sommes différents des

---

1. Cette entente, distincte de l'accord de Kelowna qui a suivi, se nomme « Accord politique entre les Premières Nations et la Couronne fédérale portant sur la reconnaissance et la mise en œuvre des gouvernements des Premières Nations » (31 mai 2005).

autres organisations politiques autochtones nationales. Les autres organisations discutaient comme si cette compétence appartenait au gouvernement fédéral ou qu'elle était partagée entre les Autochtones et les gouvernements. Elles dressaient une « liste d'épicerie » de leurs revendications en cette matière. Notre approche est différente. Nous considérons que l'éducation est de notre compétence. Nous avons des institutions qui nous sont propres, contrairement aux autres organisations. Leurs institutions scolaires se trouvent plutôt intégrées aux institutions provinciales. Ce qui nous manque, à nous, c'est la capacité de mettre en œuvre nos politiques dans ce champ de compétence qui nous appartient exclusivement.

■ *Dans le discours qu'il prononcé à l'occasion de l'accord entre Ottawa et l'APN en mai 2005, le premier ministre Martin dénonçait vigoureusement les conditions de vie déplorables des Premières Nations et l'inégalité entre les membres de celles-ci et les autres Canadiens ; dans un deuxième temps, et « enfin », disait-il, nous devrions travailler à améliorer la représentativité politique. Le grand chef de l'APN, dans le discours qui a suivi, a inversé les priorités. Il mettait au tout premier plan la nécessité de changer les structures politiques et « enfin », disait-il lui aussi, en reprenant le terme, nous devrions travailler à améliorer les conditions sociales. Sommes-nous toujours dans la même situation qu'à l'époque du Livre blanc de 1969 : les acteurs politiques autochtones et gouvernementaux ne placent pas la priorité au même endroit ?*

Oui, c'est toujours la même situation. Nous croyons encore que l'acquisition d'un meilleur niveau de vie est indissociable d'une autonomie politique renforcée. Bien qu'hésitant sur cette question, Paul Martin s'était engagé à ne pas répéter le geste de son prédécesseur, Jean Chrétien, qui a tenté de modifier notre statut politique sans notre accord, par un amendement à la Loi sur les Indiens et le projet de loi C-7 *(voir l'annexe 1)*. Dans les faits, disons-le, le ministère des Affaires indiennes continue à se passer de notre participation dans l'élaboration et la mise en œuvre de ses politiques.

Les pressions politiques de l'APN sur le gouvernement libéral d'alors ont produit des gains non négligeables. Il y avait entente entre nous et le gouvernement pour réduire l'écart des conditions de vie. Nous avons proposé de mettre en place un échéancier de dix ans pour élever les Premières Nations au même rang que les Canadiens selon l'indice du développement humain des Nations Unies sur la qualité de vie. Il fallait cependant assurer un suivi. Tous les deux ans, une rencontre des premiers ministres devait permettre de faire le point sur les progrès réalisés ; il fallait produire un bulletin de l'amélioration de nos conditions de vie, en quelque sorte. Sinon nous risquions de nous retrouver dix ans plus tard dans la même situation. C'est ce qui s'était passé dix ans après le rapport de la Commission royale.

■ *Des Premières Nations ont-elles exprimé une dissidence ou des critiques devant ce rapprochement avec le gouvernement libéral de l'époque, rapprochement qui, si je ne m'abuse, est l'œuvre de Phil Fontaine ? L'accord de Kelowna, qui met l'accent sur l'amélioration des conditions de vie, avait-il obtenu un appui clair des chefs des Premières Nations ?*

Oui. Mais il y avait de la confiance et de la méfiance. Phil Fontaine est considéré comme un « rouge », bien qu'il ait toujours affirmé ne pas avoir de carte du Parti libéral. Il a été élu parce que l'ancienne direction de l'APN tenait un discours trop radical, ce qui nous a fermé toutes les portes au gouvernement. Cela n'empêche pas les gens de veiller au grain et de juger si, selon les circonstances, l'APN se rapproche désormais trop des positions gouvernementales. Phil Fontaine a obtenu de la part du fédéral un appui financier important qui répond aux attentes de la majorité des Premières Nations.

■ *Au terme du processus de la table ronde, l'Assemblée des Premières Nations du Québec et du Labrador a boycotté la réunion des premiers ministres et des chefs autochtones — à laquelle assistait Phil Fontaine — qui annonçait l'accord de Kelowna. Pourquoi ?*

Que viennent faire les provinces dans des champs de compétence fédérale ? Quelle intention cache le gouvernement fédéral en invitant les provinces à s'occuper de la santé, de l'éducation ou du logement des Premières Nations ? Cela nous paraît suspect. D'autre part, les 5 milliards que consent le gouvernement fédéral semblent un montant impressionnant, mais nos calculs ont établi que, pour dix ans, ce n'est pas suffisant. Par exemple, le budget destiné au logement ne couvre que 10 % des besoins. De plus, rien ne nous garantit que ces 5 milliards seront distribués adéquatement. Si 35 à 40 % des budgets actuels du ministère des Affaires indiennes alimentent la bureaucratie centrale et régionale, tout porte à croire que la même proportion des budgets en matière de santé sera absorbée par la bureaucratie fédérale. Nous critiquons le fait qu'il n'y ait pas de clarté quant à la façon de distribuer ces sommes dans l'entente de Kelowna.

■ *Je ne comprends pas trop vos hésitations à entrer en relation avec une province. Les Cris ont noué des liens avec une province grâce à la Convention de la Baie James et du Nord québécois, en 1975, et ils n'ont manifestement pas perdu leur capacité de s'autogouverner. Ce serait plutôt le contraire. Ils relèvent de la compétence du Québec en matière de santé et d'éducation. N'est-ce pas paradoxal ? Cette méfiance traditionnelle envers les provinces n'empêche-t-elle pas finalement d'améliorer la situation ?*

Rappelons qu'en 1975 le contexte a favorisé ce type d'entente. Nous étions sur la défensive car il nous fallait ratifier l'entente, sinon nous n'aurions rien obtenu. Aujourd'hui, s'il est question d'un nouveau partage des compétences politiques, il est clair que nous n'allons pas les abandonner au profit des provinces ou des municipalités. De plus, il s'agit d'une situation historique propre aux Cris. Le contexte n'est plus le même de nos jours. Cela ne veut pas dire que nous nous refusons à collaborer avec un gouvernement provincial, ou même municipal. Forestville et Essipit se sont entendus, je crois, sur des services d'incendie communs. De toute façon, nous n'avons pas le choix, nous devons nous parler et agir ensemble. Cela ne doit cependant pas être imposé. Il faut aussi préciser que la situation des Cris est particulière ; la majorité des Premières Nations ne relèvent pas d'une province en matière de santé et d'éducation.

■ *L'Assemblée des Premières Nations du Québec et du Labrador s'est aussi distancée de l'APN quant à la participation électorale des Premières Nations.*

L'APN et Élections Canada collaborent afin d'encourager la participation électorale. Dans un message télédiffusé pendant la campagne électorale de 2006, Phil Fontaine, au côté d'un représentant d'Élections Canada, invitait les gens à aller voter. Quant à nous, sans nous y opposer, nous ne changeons pas nos pratiques. Tant aux élections fédérales qu'aux élections provinciales, la participation est faible ; certaines nations vont même jusqu'à interdire aux représentants d'Élections Canada de pénétrer dans leurs territoires. La majorité des Premières Nations que je représente n'invitent pas leurs membres à voter. Nous ne partageons pas avec les autres organisations régionales de l'APN leur point de vue à ce sujet.

Nous ne souhaitons pas que nos populations participent directement au processus électoral canadien ; nous voulons que nos institutions politiques s'harmonisent avec le système politique canadien. Par exemple, au Québec, il y a bien eu en 1985 une proposition de l'Assemblée nationale de former une Commission permanente aux affaires autochtones, mais elle est restée lettre morte. Soulignons qu'à l'ouest de l'Ontario les Autochtones ont tendance à s'identifier davantage comme Canadiens ; ici, ce n'est vraiment pas le cas. De plus, dans l'Ouest, il y a, je crois, deux ou trois députés autochtones, ce qui probablement incite davantage à voter.

■ *Comment expliquer cette différence ? Pourquoi les Premières Nations de l'Ontario, du Québec et des Maritimes sont-elles plus autonomistes ?*

Je dirais que c'est plus particulièrement le cas des Premières Nations du Québec.

■ *Y aurait-il eu influence réciproque entre Québécois et Autochtones dans l'expression d'un sentiment nationaliste… ?*

Je pense plutôt que les nombreuses crises opposant le Québec et les Premières Nations expliquent ce nationalisme plus accentué. Les Mohawks jouent un rôle important dans ce phénomène, mais il ne faut pas négliger l'influence d'autres nations, même si elles paraissent moins nationalistes à première vue. Je pense ici aux Hurons-Wendats de la région de Québec qui ne se sont pas fait connaître en bloquant un pont. Le leadership de l'Assemblée des Premières Nations du Québec et du Labrador explique aussi cette situation distincte au Québec.

■ *Les Premières Nations hors Québec constatent-elles aussi que, au Québec, les Premières Nations sont davantage nationalistes ?*

Souvent, mais ce n'est pas généralisé.

■ *Dans le contexte d'un gouvernement libéral minoritaire à Ottawa [juin 2004-janvier 2006], y aurait-il eu un pacte politique entre l'APN et les Libéraux fédéraux ? L'Assemblée des Premières Nations collabore avec Élections Canada pour accroître le vote des Autochtones — qui n'a pas tendance à favoriser les conservateurs ! — en échange de quoi le gouvernement de Paul Martin s'engage sérieusement à réduire l'écart dans les conditions de vie.*

Peut-être. Ici au Québec, les Premières Nations embarquent moins facilement dans ce genre de jeu politique. Il y a un risque important à trop se compromettre avec un parti politique. Imaginons que ce parti n'est pas réélu… En bon politicien, Phil Fontaine accepte sûrement de vivre avec les conséquences de ses gestes.

■ *L'accord sur le gouvernement des des Premières Nations signé par l'APN en mai 2005 contient, en préambule, une disposition affirmant que les parties doivent respecter la constitution canadienne. Qu'en pensez-vous ?*

Reconnaître la primauté de la constitution canadienne est une position beaucoup plus acceptable de nos jours que par le passé. L'article 35 de la Loi constitutionnelle de 1982 reconnaît l'existence des peuples autochtones et de leurs droits *(voir l'annexe 2)*. On a qualifié cette disposition de boîte vide. Les conférences constitutionnelles et l'accord de Charlottetown visaient à la remplir. Peine perdue, on s'en souvient. Or, des Premières Nations ont tiré une leçon de cet échec ; elles comblent le vide et donnent un sens à ces droits en signant des accords à la pièce. Il s'agit donc d'établir de nouvelles normes d'interprétation de la constitution canadienne.

■ *Comment réagissez-vous aux dernières élections fédérales de janvier 2006, qui ont porté les conservateurs au pouvoir ?*

Les conservateurs n'ont pas l'intention de réaliser les engagements de Kelowna, c'est ce que nous croyons ici, au Québec. Ils sont restés plutôt silencieux avant et après les élections sur cette question. Ni le premier ministre Harper ni le nouveau ministre des Affaires indiennes n'ont confirmé qu'ils allaient réaliser les engagements financiers du gouvernement précédent.

■ *Dans l'accord de Kelowna, on retrouvait un constat : la politique d'autonomie actuelle n'est pas adéquate et il faut enclencher un nouveau processus. Celui-ci comprend la création d'un comité directeur au sein du conseil des ministres qui donnerait plus d'importance à la question autochtone, ce qui mènerait à une loi fédérale sur l'autonomie politique des Premières Nations.*

*Cela rejoint précisément ce qu'a recommandé, en 1995, la Com-
mission royale sur les peuples autochtones. On s'est entendus
également pour mesurer pendant dix ans les progrès économiques et sociaux qui découleraient de l'investissement de 5 milliards et pour publier un bulletin périodique de la situation
socioéconomique, ceci afin d'éviter de reproduire ce que l'on a
constaté lors de la table ronde, que rien n'a changé depuis dix
ans. Est-ce que tout tombe à l'eau avec l'arrivée au pouvoir des
conservateurs ?*

Les conservateurs se contentent de dire qu'ils partagent les
objectifs de l'entente de Kelowna, sans accorder les moyens
pour l'appliquer. Rien de plus. Leurs discours traitent principalement de leurs cinq priorités électorales, dont la question de l'imputabilité. Les Autochtones ne font pas partie de
ces priorités, nous sommes cependant concernés par le projet de loi sur l'imputabilité. Nous avons fait des démarches au
Comité permanent des affaires autochtones à Ottawa afin que
ce projet de loi — qui, comme on le sait, tire ses origines du
scandale des commandites — ne s'applique pas aux Premières Nations. C'est le cas des provinces et cela devrait être
également notre cas, compte tenu de la relation particulière
que nous avons toujours eue avec l'État canadien. Autrement
dit, nous ne sommes pas de simples agences gouvernementales, mais bien des gouvernements qui ne sont pas contraints
par les mêmes règles d'imputabilité à l'égard du gouvernement fédéral.

Il importe de rappeler ici ce qu'a écrit la vérificatrice
générale du Canada au sujet de l'imputabilité des Premières
Nations. Nous en avons tout simplement trop à faire. Notre
capacité de bien nous gouverner est limitée par les nombreux
rapports que nous devons présenter aux gouvernements,
selon la vérificatrice. À mon avis, c'est le ministère des Affaires
indiennes qui ne rend pas assez compte aux Premières

Nations des dépenses relatives aux services publics qui leur sont destinés ! Dans son dernier rapport, la vérificatrice relève que le gouvernement n'a pas mis en œuvre quinze recommandations qu'elle avait faites dans son précédent rapport et qui auraient eu des impacts directs sur la qualité de vie de nos populations. Le gouvernement n'en a appliqué que trois, mais celles-ci sont de nature plutôt administrative et ne touchent pas la réalité quotidienne. Ces constats de la vérificatrice générale confirment en quelque sorte ce que nous avançons depuis longtemps. Les demandes de rapports quant aux fonds que nous administrons sont excessives. D'autant que ces rapports sont laissés sur les tablettes sans être vérifiés. Avant d'accroître le degré d'imputabilité auquel devraient s'astreindre les administrations des Premières Nations à l'égard du gouvernement fédéral, nous devrions plutôt changer la relation qui nous unit à ce gouvernement. Changer la relation : c'est la principale recommandation de la Commission royale sur les peuples autochtones.

■ *Les conservateurs donnent donc la priorité aux questions administratives et au contrôle des dépenses tout en laissant de côté les réformes politiques. Revenons à ce que dit la vérificatrice générale. Elle souligne dans son rapport que, sur l'aspect politique, rien n'a changé depuis trente-cinq ans. Elle le démontre en faisant un bilan des politiques et actions du gouvernement qui n'ont pas vraiment réussi à modifier votre situation politique dans la fédération canadienne. Après avoir recommandé d'améliorer la formation de la fonction publique autochtone, la vérificatrice constate qu'il manque des institutions propres aux Autochtones qui mettraient en œuvre les nombreux programmes.*

Ces institutions autochtones responsables des programmes devraient, selon elle, être appuyées par des lois qui, à l'instar des lois provinciales, s'assurent que les programmes en santé ou en habitation deviennent réalité. La situation sociale ne s'améliorera pas sans des lois sur lesquelles reposeraient de nouvelles institutions. Pour démontrer la pertinence de cette recommandation et sa faisabilité, la vérificatrice fait remarquer que des Autochtones ont parfois appuyé depuis quelques années des lois fédérales qui les concernent, telles celles qui modifient le type de propriété des terres des réserves ou celles concernant la capacité de développer l'économie. Selon elle, ces Autochtones auraient été consultés et auraient même participé à la rédaction de ces lois modernisant la Loi sur les Indiens. Est-ce la voie de l'avenir ? Est-ce la façon de sortir du statu quo ?

C'est vrai qu'ils l'ont fait, mais il ne s'agit pas de la majorité des Autochtones. Ces lois ont suscité des débats au sein de l'Assemblée des Premières Nations du Canada. Certains les dénonçaient en relevant qu'il s'agissait de lois fédérales sur lesquelles ils n'avaient pas assez d'influence. On a finalement fait consensus en ne s'y opposant pas, dans la mesure où elles ne s'appliquent qu'aux Premières Nations qui le demandent. Il s'agit de Premières Nations qui se trouvent dans des situations plus propices à un certain type de développement économique.

■ *Vous avez assisté au deuxième colloque « Autochtonie et gouvernance » organisé par Andrée Lajoie du Centre de recherche en droit public de l'Université de Montréal, qui s'est tenu à Montréal en avril 2006. Des économistes ont relevé que certains éléments, dits structuraux, nuisent au développement économique des Premières Nations. Par exemple : le type de propriété dominant dans les réserves, collectif et associé au conseil de bande ; la difficulté séculaire d'accès au crédit, parce que les « biens d'un Indien » ne peuvent être saisis à la suite du non-*

paiement d'un prêt ; ou encore la tendance qui fait que, dans plusieurs collectivités, les décisions à caractère économique sont prises au conseil de bande, nuisant ainsi au développement de l'entreprise privée. Comme on le sait, cela découle, entre autres, de l'héritage de la Loi sur les Indiens. Qu'en pensez-vous ? Faut-il enlever ces freins au développement économique ?

Je ne partage qu'en partie cette analyse qui présente, à mon avis, certaines contradictions. Bien qu'elle soit souhaitable, comment voulez-vous que la propriété privée des habitations se développe lorsque la grande majorité des gens dépendent des paiements de transfert de l'État ? Dans bien des cas, seule une minorité de la population est salariée. Pour ce qui est du développement du secteur privé, souvent les entrepreneurs autochtones n'arrivent pas à trouver des partenaires financiers prêts à investir car ils ne possèdent pas assez de fonds eux-mêmes. Il est probablement exact que certains conseils de bande exercent trop de pouvoir et nuisent ainsi au développement. Par contre, les formes de développement économique sont multiples ; certaines collectivités développent avec succès une économie communautaire, comme Essipit, où l'économie est très centralisée et où le conseil de bande a réussi à créer un modèle qui fait l'envie d'autres collectivités. On y a développé plusieurs entreprises touristiques.

Évitons les généralisations abusives. Des écarts importants distinguent les collectivités. Par ailleurs, les Cris ont eu un accès plus facile aux capitaux, ce qui a favorisé le développement d'entreprises, qui ne sont pas nécessairement privées ; les communautés sont actionnaires de ces entreprises qui servent leurs populations. Le modèle des Cris peut tout à fait se répéter dans d'autres collectivités ou regroupement de collectivités. Finalement, n'oublions pas que la conjoncture économique joue un rôle important ; je pense ici à une entreprise autochtone privée spécialisée dans le transport aérien qui a dû fermer ses portes à cause de la diminution des déplacements et du fret.

■ *Parlons de l'entente sur les pensionnats d'avril 2006 : l'Assemblée des Premières Nations du Québec et du Labrador appuie-t-elle cette entente entre l'APN et le gouvernement fédéral ? Les conservateurs se sont engagés à respecter cette entente-là, n'est-ce pas ?*

Oui, nous l'appuyons, et les conservateurs ne la remettent pas en question. Il s'agit d'un accord d'indemnisation de 2,2 milliards, et le nouveau gouvernement conservateur a déjà implanté un processus de réclamation qui rejoint plus particulièrement les aînés ; il est urgent d'agir dans leur cas pour qu'ils puissent vraiment en bénéficier. Bien sûr, l'accord rejoint les préoccupations des gens qui ont fréquenté ces pensionnats. Je dois cependant nuancer notre appui à ces démarches juridiques et politiques. Compte tenu du temps que ces démarches ont pris — et ce n'est pas encore fini — et des enjeux financiers, je me demande si nous n'avons pas à la longue créé des espoirs qui ne seront jamais réalisés. Mettons-nous à la place de ces gens. Seront-ils déçus ? D'autre part, des observateurs attentifs soulignent le fait qu'on a mis un peu trop rapidement de côté un élément très important : le gouvernement fédéral évite de s'excuser officiellement et de demander pardon. Cela, Phil Fontaine ne l'a pas obtenu[2]. L'aspect plus positif, ce sont donc ces indemnisations finan-

---

2. Finalement, des excuses officielles du gouvernement canadien ont été présentées à la Chambre des communes le 11 juin 2008 en présence, entre autres, de Phil Fontaine.

cières de l'ordre de 2,2 milliards. Reste maintenant à espérer que tout ce processus demeurera transparent. Des critiques ont été adressées au Fonds de guérison. Ce fonds a été mis en place par le gouvernement en réponse aux constats et aux recommandations de la Commission royale sur les peuples autochtones et dispose de 350 millions. Cet argent a été investi dans de nombreux projets issus des communautés afin de réduire les impacts sociaux et psychologiques qu'ont laissés ces pensionnats. Il semble par contre qu'il existe un problème de continuité dans l'appui financier à ces projets communautaires, et la relation entre le Fonds et ses organismes pose parfois problème. De plus, on s'interroge sur l'efficacité de certains programmes dans la résolution des problèmes sociaux. Je n'ai cependant pas étudié plus attentivement les rapports produits régulièrement par le Fonds.

■ *Question délicate sur les fondements mêmes de cet accord financier. Les 2,2 milliards se répartissent entre des mesures d'indemnisation individuelles et collectives. Seulement 200 millions sont consacrés à des projets associés à ce que je qualifierais de « devoir de mémoire », dont une partie va soutenir pour quelques années encore le Fonds de guérison. N'aurait-il pas été plus pertinent d'investir davantage dans des projets communautaires qui soutiennent le développement économique, plutôt que d'indemniser individuellement tous ces gens ? Il est connu que les Autochtones dépensent leur argent dans des commerces qui sont tenus en grande majorité par des non-Autochtones... Qu'en pensez-vous ?*

Oui, c'est vrai que la partie de la somme attribuée à des mesures collectives est petite en comparaison avec ce qui revient directement aux individus. Rappelons l'origine de cet état de fait. Cela remonte à plus de dix ans, et c'est le chef actuel de l'Assemblée des Premières Nations qui initia cette revendication. Comme on le sait, il a déclaré publiquement avoir été agressé sexuellement dans ces pensionnats. L'entente visait à indemniser avant tout ceux et celles qui avaient subi directement ces abus. Il aurait été difficile de modifier le mouvement qu'avait amorcé Phil Fontaine une décennie plus tôt.

Chapitre 5

LE QUÉBEC ET LES AUTOCHTONES

▓ *Pour la première fois depuis sa fondation en 1985, l'Assem-*
blée des Premières Nations du Québec et du Labrador s'est
impliquée dans une élection au Québec, celle du 26 mars 2007.
Lors d'une conférence de presse tenue au cours de la campagne
électorale, votre organisation a présenté le document Premières
Nations : incontournables pour l'avenir du Québec. *Le docu-*
ment énonce des principes importants aux yeux des Premières
Nations et cerne les enjeux qui les touchent particulièrement.
Par ailleurs, une semaine avant l'élection, l'APNQL a organisé
au cégep du Vieux-Montréal un débat entre les partis politiques
québécois[1]. *Il s'agit clairement d'un précédent quant à votre*
implication dans le système électoral québécois. Comment s'est
prise cette décision ? Par vote ? Par consensus ? Y a-t-il eu de
l'opposition chez les chefs ?

---

1.   Les participants à ce débat étaient Marjolain Dufour du Parti Québécois, Geoffrey Kelley du Parti libéral du Québec, Caroline Pageau
de l'Action démocratique du Québec et François Saillant de Québec
solidaire.

Bon… Dans mon esprit, il y avait consensus ! La question est pertinente. La décision d'organiser le Forum socioéconomique de 2006 a été prise par les chefs en juin 2004. Quant à notre participation à la campagne électorale, c'est plutôt le secrétariat de l'Assemblée des Premières Nations du Québec et du Labrador qui a pris la décision, comme cela arrive souvent. Bien sûr, mon mandat n'est peut-être pas assez clair. J'en discutais récemment avec les chefs : dans certaines situations, je dois réagir rapidement. Je prends un risque, j'en suis conscient. Je pense que, si nous ne sommes pas sur la place publique, personne ne viendra nous chercher. Pas un gouvernement, surtout provincial, ne fera appel à nous en pleine campagne électorale pour nous parler des choses qui nous préoccupent ; c'est à nous de prendre notre place. Personne ne le fera pour nous. Cette fois-ci, c'est donc le secrétariat de l'APNQL qui a décidé de l'engagement électoral ; le risque en valait la peine.

■ *Feriez-vous, comme l'a fait le chef de l'Assemblée des Premières Nations du Canada, Phil Fontaine, une publicité à la télévision en compagnie du directeur des élections invitant les Autochtones à voter ? Comment la position de l'APNQL se distingue-t-elle de celle de l'APN ?*

Nous nous sommes déjà prononcés sur cette question, entre autres à l'occasion d'un référendum sur la souveraineté du Québec. Nous respectons la décision prise dans les autres régions du Canada. Hors Québec, les Premières Nations font davantage la promotion de ce genre de partenariat avec les institutions fédérales ou provinciales. Tout en respectant leurs décisions, nous ne serions pas d'accord que les gens de l'APN viennent au Québec encourager nos membres à voter. Plusieurs chefs ont fait le choix de ne pas voter. Nous n'invitons donc pas à voter, mais nous n'empêchons pas de le faire non plus. La décision appartient aux individus.

Plusieurs ont soulevé l'apparente contradiction qui existe entre notre absence dans les bureaux de scrutin et notre présence dans la campagne électorale. Quel que soit le gouvernement en place à la suite des élections, et quelle que soit notre participation au vote, je pense que les défis resteront entiers. Sans vouloir critiquer la position des autres régions du pays, je m'interroge sur ce que nous pouvons tirer d'une participation au scrutin. Le droit de vote a été accordé aux Premières Nations en 1960. Un premier député autochtone a été élu à la Chambre des communes en 1968, et cela n'a pas changé les choses, cela n'a pas empêché le ministre Jean Chrétien de présenter son Livre blanc en 1969. Il y a donc un manque de congruence entre cet appel au vote par le gouvernement fédéral et les bénéfices que nous pouvons en tirer, et ce, malgré la collaboration du chef national avec Élections Canada. Nous referons sûrement ce débat. Mais j'imagine mal un bureau de scrutin à Kahnawake... Un chef innu a aussi interdit les boîtes de scrutin sur son territoire ; ce n'est pas une position strictement mohawk mais une situation qui touche plusieurs communautés que nous représentons.

■ *Vous-même, voterez-vous ?*

Je ne vote pas... en général.

■ *Comment envisager une meilleure intégration des peuples autochtones au système démocratique du pays ? Présentement, les membres des Premières Nations ne votent que dans les élections des conseils de bande. Ils votent peu autrement. On sait qu'il y a déjà eu des recommandations, autant à la Chambre des communes qu'à l'Assemblée nationale, pour que des sièges soient réservés à des représentants autochtones. Qu'en pensez-vous ? Êtes-vous plutôt Canadiens ou Québécois par défaut ?*

On touche ici plusieurs questions à la fois : l'identité des individus et de leur communauté, la question de la participation au processus démocratique, y compris à des élections au sein même des communautés. On sait que la participation y est parfois très faible, comme à Kahnawake. Des gens m'ont avoué ne pas voter, n'ayant pas confiance en le système d'élection du conseil de bande ; ils disaient aussi qu'ils pourraient envisager de voter si leur communauté se dotait d'un processus électoral qui leur ressemble davantage.

Cette question a été beaucoup débattue en 1985, avant l'adoption par l'Assemblée nationale du Québec de la résolution reconnaissant les nations autochtones *(voir l'annexe 3)*. L'idée d'une députation autochtone au moyen de comtés réservés n'a pas fait consensus parmi nous. La question n'a pas été résolue, elle est demeurée ouverte. Nous avons aussi réfléchi à la possibilité d'une commission parlementaire permanente de l'Assemblée nationale qui traiterait des questions autochtones. D'ailleurs, cette proposition est revenue en juin 2003, lors de la signature d'une entente avec le gouvernement Charest qui a instauré le Conseil des élus.

■ *Quels sont les objectifs visés par cette nouvelle stratégie de vous impliquer à votre façon dans une élection du Québec ?*

Deux raisons principales expliquent notre engagement dans cette campagne électorale. Malgré l'important Forum socio-économique tenu à l'automne 2006 avec les gouvernements et les principaux acteurs de la société civile, aucun politicien n'a reparlé des engagements issus de ce forum au cours de la campagne électorale. D'autre part, la question de la décentralisation des pouvoirs vers les régions est au cœur des engagements des principaux partis politiques et, encore là, on nous ignore totalement. Ce thème nous concerne directement puisqu'il soulève la question de l'exploitation des ressources du territoire et de la répartition des profits. Nous avons donc décidé de nous engager dans cette campagne.

Cette tendance à prendre notre place continuera et s'accentuera, y compris au niveau fédéral, où pourraient se tenir de nouvelles élections prochainement, puisque le gouvernement conservateur est minoritaire. Depuis le début de la campagne électorale québécoise, je considère que nos petits gestes, qui sont à la hauteur de nos moyens financiers et de nos ressources humaines, ont malgré tout été bénéfiques. Il faut dire que nous avons pris l'habitude de ne pas placer nos espoirs très haut…

Il y a quelque temps se tenait le Forum socioéconomique des Premières Nations à Mashteuiatsh, au Lac-Saint-Jean. Concrètement, peu de choses en sont sorties. Ce fut malgré tout un exercice important pour nous. Avec peu de moyens, nous avons mobilisé d'une façon extraordinaire les commissions de l'APNQL et nos professionnels de la santé, de l'éducation et de l'économie. Nous avons atteint encore là notre objectif de transmettre un message à la population, en montrant clairement l'écart qui existe entre nos conditions de vie et celles des Québécois. Cette situation est déplorable et inacceptable. Le résultat de ce forum consiste essentiellement en des engagements des gouvernements afin d'améliorer nos conditions socioéconomiques sur une période de trois à cinq ans.

Nous voulions confronter les gouvernements en posant des questions qui sont cruciales pour nous. Si nous voulons agir pour améliorer nos conditions de vie, nous devons dépasser la relation de dépendance envers les fonds gouvernementaux, plus particulièrement fédéraux. Il nous faut aller plus loin que les strictes relations financières. Au Forum socioéconomique, tous les partenaires se sont mis d'accord pour doter nos communautés d'outils de développement économique. Briser le lien de dépendance envers les transferts gouvernementaux et développer notre économie en donnant accès aux ressources des territoires. Voilà ce qui a fait consensus. Il s'agit là du principal litige de nos nations avec le Québec. De façon périodique, on assiste à des confrontations sur cette question des ressources.

Sur la gestion des ressources et sur le partage des profits, le Québec, le gouvernement libéral ne se prononcent pas. Il s'agit pourtant des ressources d'un territoire sur lequel existe clairement un titre autochtone. Devant ce silence, pendant et après le Forum, et prévoyant que ce silence allait perdurer au cours de la campagne électorale, stratégiquement nous avons décidé d'intervenir, afin que et le gouvernement et les partis politiques s'engagent sur cette question. Nous saisissons cette occasion pour affirmer haut et fort que nous sommes des acteurs incontournables du développement des régions. Depuis le lancement de notre « campagne » le 1ᵉʳ mars, nous avons visité quelques régions et réaffirmé notre droit aux ressources. Jusqu'au débat réunissant les représentants des partis politiques au cégep du Vieux-Montréal, aucun candidat n'avait soulevé la question autochtone.

Nous savions que le gouvernement Charest allait faire porter cette campagne sur la décentralisation des ressources et des pouvoirs vers les régions. Nous nous sommes sentis particulièrement interpellés. Particulièrement lorsque le chef de l'Action démocratique, Mario Dumont, a promis de remettre aux régions 25 % des redevances de l'exploitation des territoires, ou encore lorsqu'il a promis la relance du projet hydro-électrique Grande-Baleine, ou lorsque Jean Charest a fait de même pour celui de la rivière Romaine. Ou encore lorsqu'un lapsus a forcé le premier ministre à expliquer sa pensée sur l'indivisibilité du territoire du Québec. Nous sommes d'accord avec le développement des régions, mais quelle est la place des Premières Nations ? Personne n'en parle ! Et en passant : oui, le territoire du Québec est peut-être divisible ; les Premières Nations n'ont pas encore donné leur point de vue là-dessus.

Pendant la campagne électorale, le premier ministre du Québec s'est rendu à la réserve de Pikogan, en Abitibi. Nous aussi. Et nous avons soulevé la question du territoire. La conférence de presse de Jean Charest, qui ne s'est pas tenue à Pikogan mais à Val-d'Or, n'a pas abordé la question du territoire mais plutôt celle de l'entente de Kelowna. Je n'ai pas trop compris pourquoi ce thème, de compétence fédérale, s'est retrouvé dans une campagne provinciale. M. Charest a donc repris les propos qu'il avait tenus au Forum socioéconomique, en ignorant l'enjeu du territoire et en se concentrant plutôt sur la question des fonds alloués aux programmes et aux services. C'est toujours la même stratégie d'évitement.

Au lendemain de l'élection, la campagne ne sera pas terminée pour nous. La joute n'est pas finie. Notre objectif consiste à maintenir ces questions dans le débat, autant chez les partis politiques qu'à l'Assemblée nationale. Plus on va nous ignorer, plus nous allons en parler, et nous irons jusqu'aux Nations Unies. On nous y pousse. Nous participerons d'ailleurs à la sixième session du Forum permanent des Nations Unies sur les questions autochtones et, coïncidence, le territoire et les ressources sont le thème de cette année.

L'Assemblée nationale du Québec a adopté à l'unanimité en 1985 une résolution quant à la reconnaissance des Premières Nations, ce qui, j'en conviens, constituait un geste avant-gardiste *(voir l'annexe 3)*. Cette résolution est cependant restée lettre morte pour l'essentiel. Nous allons donc continuer à faire connaître notre point de vue, non seulement à l'Assemblée nationale mais aussi auprès des Québécois. C'est ce qui nous a guidés dans notre projet de Forum socio-économique et dans notre décision de participer à la campagne électorale de 2007. Le 20 mars, nous avons réussi à réunir au cégep du Vieux-Montréal des représentants de quatre partis politiques qui se sont prononcés sur leurs intentions à notre égard. Seul Québec solidaire a fait un geste, cependant. Le lendemain, ce parti a émis un communiqué par lequel il s'engageait, s'il faisait élire un député, à proposer une motion à l'Assemblée nationale demandant au gouvernement fédéral de revenir sur son rejet de la Déclaration des Nations Unies sur les droits des peuples autochtones.

■ *Que pensez-vous des promesses concernant de nouveaux projets hydro-électriques ?*

J'ai beaucoup de difficulté à comprendre comment Mario Dumont, en campagne électorale, peut ranimer le projet hydro-électrique de Grande-Baleine sans faire référence aux peuples autochtones. Même chose pour le premier ministre Charest, qui, lui, promet la Romaine. N'a-t-on rien appris de l'expérience des années 1970, quand le Québec développait le projet La Grande sans même en parler aux Autochtones ? Savez-vous ce que cela a coûté aux Québécois ? C'est encore un dialogue de sourds. Et c'est une question d'intérêts. Le dossier agace le gouvernement du Québec…

Les principaux partis proposent de donner plus de pouvoir aux régions. Ainsi, les Libéraux ont mis en place, il y a dix-huit mois, des commissions sur la foresterie. Elles sont devenues des commissions régionales sur le développement des ressources naturelles, sûrement à la suite du lobbying des municipalités. Et on ne nous a pas consultés. On n'a pas tenu compte de nos droits sur le territoire. Bien que le Québec tente de se conformer aux jugements de la Cour suprême qui l'obligent à nous consulter, il a produit, seul, un guide de consultation, comme s'il avait la primauté. Nous avons produit notre propre guide. Plutôt que de nous imposer le leur, ils pourraient tenir compte du nôtre. La dynamique entre Premières Nations et régions est importante et sera extrêmement laborieuse. Nous prévoyons des épisodes d'affrontement. Leurs positions sont connues. Chaque mini-municipalité tient à se retrouver aux tables de négociation. Nous préférons la négociation de gouvernement à gouvernement. Nous faisons affaire avec un gouvernement qui représente ces municipalités.

■ *Les partis politiques québécois sont-ils insensibles aux conditions de vie déplorables de certaines de vos communautés ? Personne n'en a parlé au cours de la campagne électorale.*

D'où notre décision de participer à cette campagne. Et d'occuper le peu d'espace que nous avons. C'est exact : depuis le Forum, rien ne se passe. Et ce, en dépit de mes deux rencontres subséquentes avec Jean Charest. Minimalement, nous nous sommes entendus sur un processus de suivi, un mécanisme pour continuer le dialogue. Le gouvernement a proposé que nous nous rencontrions un an après le Forum ; j'ai proposé six mois. À cause du déclenchement des élections, la rencontre a été reportée. Le défi reste donc entier : il faut amener le prochain gouvernement à se préoccuper de nos conditions socioéconomiques. Cette situation ressemble à ce que l'on voit ces jours-ci à l'occasion du budget fédéral. Malgré les milliards distribués à gauche et à droite, il n'y a rien de nouveau pour les Autochtones. Le ministre des Affaires indiennes s'est contenté de parler des neuf milliards consacrés aux Autochtones, ignorant totalement la proposition de la Commission royale sur les peuples autochtones qui, voilà dix ans, recommandait un plan de développement sur vingt ans. Il s'agissait d'ajouter 2,5 milliards par année à ce budget sur une période de vingt ans pour améliorer nos conditions de vie et réduire notre dépendance à l'égard des transferts de fonds. C'est sans doute de cette façon que l'on arriverait à modifier les choses. Tous les Canadiens seraient gagnants avec ce développement. Nous avons parlé au Forum de 10 000 logements à créer ; le chef national, Phil Fontaine, en réplique au budget fédéral, a relevé le besoin de 80 000 logements. Étant donné la croissance de notre population, si on ne construit pas dès maintenant ces habitations, on pourra plus tard en construire 40 000 et ça ne changera pas grand-chose à nos conditions de vie.

■ *Y a-t-il lieu de créer de nouveaux espaces de rencontre entre Québécois et Autochtones ? Jusqu'à maintenant, on croit assister à un dialogue de sourds entre ces nations qui pourtant cherchent la même chose, une plus grande reconnaissance. Pour reprendre l'analyse d'Alain-G. Gagnon, les ententes comme la Paix des Braves, qui résultent de la rencontre exclusive et privilégiée entre des leaders politiques autochtones et notre gouvernement, ne favorisent pas une meilleure connaissance mutuelle.*

Sans doute faut-il trouver d'autres façons de se rapprocher comme peuples. Oui, nous sommes souvent placés en opposition. Il y a eu la crise d'Oka qui, malgré tout, a amené des gens à vouloir mieux se connaître... Il est important ici de rappeler que chez nous se produit une réappropriation identitaire. Ce processus est méconnu des Québécois et influence les rapports que nous pouvons établir avec eux. De plus, cette réappropriation identitaire se fait parfois brutalement et transparaît dans les problèmes sociaux que nous connaissons. Oui, il y a place à une meilleure éducation pour mieux se connaître. Et autrement que dans des circonstances où l'on s'assoit à une table de négociations parce qu'on y est forcés. À l'Assemblée des Premières Nations du Québec et du Labrador, nous tentons de créer ce genre de rencontres et nous avons souvent fait remarquer au gouvernement qu'il a un rôle à jouer dans ce domaine. Le Québec a l'obligation d'agir. L'enseignement de l'histoire, par exemple, ne rend souvent pas justice aux Premières Nations. Pour nous, cela passe par le fait de retrouver une certaine dignité. L'estime de soi est une valeur très importante et elle nous manque. Pour la retrouver, il faut bien sûr développer nos capacités économiques, nous donner des institutions sociales qui nous ressemblent, retrouver des valeurs qui sont toujours enracinées chez nous. Et ainsi retrouver la capacité d'établir des relations avec des gouvernements qui nous entourent et d'apprendre de l'autre, mais sans y être forcés.

■ *Et la question de la souveraineté du Québec ?*

Les positions de 1995 demeurent inchangées. Le territoire est toujours grevé d'un titre autochtone avec des droits ancestraux. Le Québec peut parler de souveraineté tant qu'il voudra, sans accord avec les Premières Nations, la question ne peut être réglée. Nous n'acceptons pas une démarche où les Québécois s'entendent entre eux et ne nous consultent qu'ensuite, en s'autorisant de la règle de la majorité ou de la théorie de la découverte du territoire. Notre position n'a pas pour but d'empêcher les Québécois de se prononcer sur leur destin, elle vise plutôt à ce qu'un peuple ne décide pas pour l'autre.

Le discours des souverainistes à notre égard a beaucoup évolué. Je pense que l'on a reconnu sur quoi se fonde notre position. André Boisclair, alors chef du Parti Québécois, nous l'a confirmé : pour lui, il n'y aura pas de souveraineté du Québec sans un accord avec les Premières Nations. Il s'agit d'une déclaration importante. Je pense que les partis politiques devraient être unanimes à notre égard, comme ils l'ont été sur la question de l'environnement, compte tenu de son caractère d'urgence. Devant les questions qui nous préoccupent, les partis politiques devraient se concerter.

■ *Outre le débat sur la souveraineté du Québec, la crise d'Oka a marqué les relations entre les Québécois et les Autochtones. Il y a maintenant presque vingt ans, le 11 juillet 1990, a éclaté cette crise politique qui a marqué l'histoire du Québec* (voir l'annexe 1). *Comment avez-vous réagi à ces événements ?*

La situation m'a touché directement. Ma conjointe de l'époque était mohawk et elle est plutôt « traditionaliste » ! Elle était très préoccupée par les événements. Nous vivions à Québec et nous ne nous trouvions pas à Kahnawake pendant cette crise qui a duré 78 jours. La fonction de vice-président du Conseil attikamek-montagnais que j'occupais alors a fait en sorte que je me suis aussi senti directement touché, même si je ne suis pas mohawk. J'ai vécu la crise dans un contexte innu. Parmi les chefs, il y avait des divergences sur la crise. « Ce n'est pas la bonne façon d'agir », disaient certains, tandis que d'autres affirmaient : « Il était temps que cela se produise. »

■ *Avez-vous vu venir cette crise ?*

Pas vraiment. Les Innus, les Mohawks et les autres nations se préoccupaient plutôt de leurs problèmes particuliers. C'est encore comme ça aujourd'hui. Une fois la crise déclenchée, nous nous sommes tous sentis concernés. Comme vice-président d'une organisation représentant deux nations autochtones du Québec, j'ai tenté de concilier les différents points de vue. C'était un exercice difficile !

■ *Que devons-nous retenir de ces événements ?*

Ce que j'en retiens, quant à moi, c'est que, devant un problème, l'État se comporte systématiquement de la même façon. Au lieu d'avoir une vision plus large des choses, il se contente de tempérer les esprits, de calmer la situation. Bien sûr, il y a eu les mesures annoncées par le gouvernement Mulroney de l'époque. Ont-elles vraiment changé la situation depuis vingt ans ? Le gouvernement a mis en place une Commission royale, mais ses recommandations sont restées lettre morte. Il y a eu aussi l'instauration d'une Commission des revendications particulières, qui devait rendre plus indépendant et efficace le traitement de centaines de dossiers d'amputation des terres (comme à Oka) qui nous avaient été « réservées ». Cette dernière commission n'a pas encore, près de vingt ans plus tard, terminé ses réformes. Elle doit s'assurer qu'elle est vraiment indépendante et détachée des intérêts du gouvernement canadien.

■ *N'a-t-on pas malgré tout appris à éviter de se retrouver dans une telle situation : faire usage d'armes à feu dans les litiges ? Depuis deux ans maintenant, en Ontario, à Six Nations, des Autochtones occupent des terres revendiquées. Jusqu'à maintenant, il n'y a pas eu de fusils, ni de développement domiciliaire. La situation à Oka justifiait-elle de prendre des armes ? Les barricades auraient pu être remontées le lendemain de l'intervention policière...*

Je suis un peu déchiré sur cette question. Il me semble que l'on n'avait pas le choix. Les conditions étaient là ; les gens se sont rendus au bout de leurs convictions. Plus la crise s'éternisait, plus la majorité des Autochtones constataient que le recours aux armes à feu ne constitue pas un type d'action politique acceptable. Cela a finalement fait en sorte que, paradoxalement, l'usage des armes a mené à limiter ce type d'action. D'autres événements comparables mais de moindre envergure se sont produits par la suite et ils sont demeurés isolés. Ce type d'action n'a pas reçu l'appui des chefs, au contraire. On a vu Ovide Mercredi, chef de l'Assemblée des Premières Nations d'alors, intervenir en Colombie-Britannique, à Gustafsen Lake, pour dénoncer l'usage d'armes à feu, ce que l'APN n'avait pas fait en 1990 à Oka, me semble-t-il. Oui, je pense que les Autochtones ont retiré de la crise d'Oka une leçon : les armes à feu ne constituent pas un mode d'action acceptable. Ce n'est pas une façon de régler un problème. Je demeure cependant un peu confus sur cette question, car je trouve ironique que, malgré son beau discours, l'État remette toujours à plus tard la véritable résolution des problèmes. Toutes les excuses sont bonnes pour retarder encore et retarder toujours…

N'oublions pas qu'à la source de la crise d'Oka se trouve un problème de revendication territoriale. Pendant la crise, on a mis en place une commission pour faire avancer les centaines de revendications, mais cette commission — qui se voulait « intérimaire » — est toujours en place ! Vingt ans plus tard, la commission n'a pas fini de s'organiser et de rendre le processus indépendant et neutre ! Malgré Oka, c'est comme si on n'apprenait jamais rien des événements et que, une fois la crise passée, on revenait rapidement au statu quo.

■ *Les jeunes Autochtones ont-ils tiré les mêmes conclusions quant à l'usage d'armes à feu en politique ?*

Ça ne fait pas partie de leurs préoccupations. C'est mon opinion très personnelle. Ils ont bien d'autres façons de s'affirmer.

■ *Oka, était-ce une question de territoire ou de commerce ? Puisque les forces policières hésitent davantage maintenant à entrer dans certains territoires, il s'est développé un commerce hors taxe avec ceux qui ne bénéficient pas du statut d'Indien inscrit et de l'exemption fiscale contenue dans la Loi sur les Indiens. Terre ou commerce ? Ou était-ce les deux à la fois ?*

Je ne sais pas. La Commission royale sur les peuples autochtones avait peut-être le mandat de répondre à cette question. Je pense que les gens armés étaient divisés. Derrière les barricades, on ne partageait pas nécessairement la même opinion sur tout. Il est difficile de mesurer en quoi consistait l'intérêt collectif du côté autochtone. Je sais que des gens venaient de l'autre côté de la frontière canadienne et étaient proches de l'American Indian Movement, mouvement qui avait été dans les années 1970 au cœur de la crise de Wounded Knee, où on avait fait usage d'armes à feu. Ce mouvement avait eu des répercussions ici aussi, à l'époque. Par exemple, à Kahnawake, le chef Andrew Delisle avait été pris à partie par les tenants de ce mouvement politique.

Je me pose la question. Cette crise s'explique-t-elle par le fait que des gens se sont rendus jusqu'au bout de leurs convictions, ou plutôt parce que la situation est devenue hors de contrôle ? Pourquoi s'est-on rendus jusque-là ? Je ne sais pas. Ce que je sais, c'est que, par la suite, la majorité des Autochtones, comme tout le monde, ont pris conscience que ce n'était pas la bonne façon d'agir. Les gens se sont interrogés : comment est-ce possible qu'ici, au Canada, on se soit retrouvé dans une telle situation ?

Il ne faudrait cependant pas oublier ceci. Dans ce pays, il existe un autre type de violence, de brutalité, et celle-ci est en quelque sorte invisible ou normalisée. On ne la voit plus et elle n'est pas l'objet de préoccupations et de dénonciations de la part du « bon citoyen ». Il s'agit de la violence que les peuples autochtones s'infligent à eux-mêmes par le suicide, par les abus de drogue ou par la violence conjugale. Cette violence-là n'est malheureusement pas très connue ni dénoncée par la population.

■ *Êtes-vous allé à Oka pendant la crise ?*

Non. L'idée m'est cependant venue de m'impliquer davantage. De me rendre derrière les barricades.

■ *De prendre les armes ?*

Non, mais de manifester plus de solidarité envers ceux qui étaient directement aux prises avec cette crise. J'aurais aimé tenter — peut-être l'impossible — de rallier les positions pour que le mouvement de revendication soit aussi déterminé, mais plus pacifique. J'ai organisé deux marches de solidarité à Québec pendant la crise et elles ont été un succès, puisque nous sommes parvenus à expliquer la justesse des revendications à Oka. Et ce, bien que ces marches se soient déroulées à Québec, une région souvent peu sensible à notre sort… Nous n'avons pas fait l'objet de critiques excessives pour avoir manifesté notre solidarité envers les Mohawks.

L'Assemblée des Premières Nations a tenu une assemblée à Kahnawake pendant la crise. Jean Chrétien, chef de l'opposition à l'époque, s'était adressé à l'Assemblée des chefs. J'étais présent. Les chefs innus logeaient chez les familles mohawks. J'avais aidé à organiser le voyage de chefs innus. Nous étions un peu inquiets devant ces barricades et ces armes, nous ne savions pas trop par où nous allions entrer à Kahnawake, ni si les conditions de sécurité existaient, ni surtout si nous allions en ressortir !

■ *Abordons maintenant la « seconde crise d'Oka », celle de janvier 2004. Le chef James Gabriel a lancé une intervention policière pour combattre la criminalité dans sa communauté. Il s'agissait, selon lui, de production et de commerce de marijuana. Environ soixante policiers autochtones d'autres communautés sont entrés à Kanesatake. Des opposants, dont des chefs élus qui n'avaient pas été consultés sur cette intervention policière, ont entouré le poste de police et pris en otage ces policiers pendant que certains manifestants incendiaient la résidence de James Gabriel. Ceci a ému l'ensemble des Québécois et ils se sont rangés assez rapidement du côté de James Gabriel, qui disait combattre le crime organisé. Vous vous êtes cependant rendu, ces jours-ci, à Ottawa pour demander une enquête publique sur cette intervention policière ratée, qui a coûté une petite fortune aux contribuables et qui aurait eu un objectif inavoué d'ingérence politique pour favoriser la réélection de James Gabriel. Par ailleurs, pendant cette crise entre factions mohawks qui n'en finissait plus, vous vous êtes offert comme médiateur. Sans le dire, tentiez-vous alors d'intervenir dans les affaires internes — passablement troublées — de cette communauté ?*

J'ai longuement réfléchi avant de prendre position sur cette question. Avec l'appui de quelques chefs, j'ai offert mes services afin de résoudre cette crise. Je me suis présenté comme un serviteur qui allait respecter les différents points de vue et en tenir compte.

■ *Et ça n'a pas fonctionné ?*

Cela a fonctionné dans une certaine mesure ; on a respecté ma façon de faire les choses. Je ne me suis jamais placé au-dessus des gens, des chefs et des communautés que je représente. L'expérience politique que j'ai acquise m'a permis de prendre certains risques. Tout en respectant les diverses opinions, j'espérais provoquer un changement dans les positions politiques. Oui, Kanesatake était aux prises avec un conflit de factions, mais cette communauté me semblait avoir beaucoup de potentiel. Que l'Assemblée des Premières Nations du Québec et du Labrador offre ses services pour l'assister était bien la moindre des choses. À condition, bien sûr, que la communauté cherche sincèrement à retrouver l'harmonie.

■ *L'harmonie n'est pas revenue à Kanesatake. On sait que le grand chef, James Gabriel, n'a pas été réélu, à quelques votes près, mais que les six chefs élus l'appuient. Et le nouveau grand chef et les six chefs ne se parlent pas… Ils n'ont pas avancé sur le plan politique[2].*

Nous sommes en présence de positions politiques qui semblent irréconciliables. Quant à moi, je ne sais pas comment une communauté peut se retrouver dans une telle situation. Pourquoi des chefs politiques font-ils passer leurs intérêts avant l'intérêt évident de la communauté ? Pourquoi ne mettent-ils pas fin à leurs querelles pour le bien de leur population ? Cela, je ne le comprends pas.

---

2. Le 12 juillet 2008, des élections ont porté au pouvoir un nouveau conseil qui entendait prendre ses distances avec les querelles de factions de l'ancien conseil.

■ *Lorsqu'il est évident que le bien de la communauté est affecté par un conflit politique qui n'en finit plus, comme à Oka, ne serait-il pas nécessaire que l'APNQL ait le pouvoir d'intervenir afin de résoudre le problème, en excluant les gens qui n'arrivent plus à s'entendre?*

D'abord, à cette question, il faut répondre qu'avant tout il aurait fallu que les chefs délèguent ce pouvoir à l'APNQL, ce qui n'a pas été le cas. D'après moi, cette condition première n'aurait pu être remplie; les chefs en assemblée n'auraient pas été à l'aise avec une telle intervention.

■ *Et vous?*

Moi, j'aurais pu l'appuyer dans la mesure où les parties en conflit à Kanesatake, ou dans toute autre communauté, auraient adhéré à un processus de rapprochement, de réunification. À Kanesatake, je doute que cette condition ait été présente.

■ *Dans son livre paru récemment, James Gabriel continue de soutenir que sa communauté est aux prises avec un haut niveau de criminalité. Vous ne partagez pas son point de vue sur la nécessité d'une intervention spéciale pour l'enrayer?*

Il faut rappeler que, dès 2001, trois ans avant cette crise, une assemblée spéciale des chefs s'est penchée sur le développement de la criminalité dans nos communautés. Il s'explique par une plus grande vulnérabilité des communautés. Nous n'avons pas de forces policières comparables à celles des municipalités non autochtones et cela transforme nos communautés en paradis pour ceux qui tentent d'exploiter la situation. La crise politique à Kanesatake relève tout simplement de cette situation générale.

■ *Kanesatake n'est donc pas une « plaque tournante » du crime organisé ?*

Je ne le crois pas. Kanesatake est vulnérable au même titre que les autres communautés. C'est ce que les chefs ont constaté en assemblée. Une récente opération policière d'envergure, appuyée par les forces policières autochtones dans des communautés mohawks, a démontré qu'il était possible d'agir et de collaborer. Par contre, il faut aussi agir sur les causes de cette criminalité. Et cela se trouve dans les conditions économiques : si les revenus continuent de provenir principalement de l'assistance sociale ou de la vente de cigarettes, nous allons demeurer dans le carcan qui favorise la criminalité. Je conçois que cette situation affecte notre crédibilité aux yeux de la population mais, en même temps, elle devrait convaincre les gouvernements d'agir.

■ *Existe-t-il un dialogue avec les autorités gouvernementales sur la façon d'agir et de collaborer pour réduire l'influence du crime organisé dans vos communautés ?*

Non. Nous n'avons pas le mandat de le faire. Les chefs ont constaté l'existence de la criminalité dans nos communautés en assemblée spéciale, mais ils ne sont pas allés plus loin. Ils ont laissé aux forces policières le soin d'agir.

■ *La vente hors taxe de cigarettes à des non-Autochtones, illégale aux yeux des gouvernements, constitue sans doute un*

contexte propice au développement de la criminalité. L'APNQL
s'est-elle déjà prononcée sur l'aspect fiscal de ce litige ?

Nous n'avons jamais discuté entre nous de cet aspect de la fiscalité. Lorsque nous parlons fiscalité, il s'agit de la fiscalité associée aux individus autochtones. Par exemple, nous sommes en discussion avec le Québec parce qu'il aurait prélevé dans les réserves une taxe cachée sur l'essence, et depuis fort longtemps, malgré les dispositions de la Loi sur les Indiens. Nous avons intenté un recours collectif et nous en discutons présentement. Notre intervention se limite au domaine de la fiscalité associée à la Loi sur les Indiens.

■ *Envisagez-vous une solution au litige relatif à la vente hors taxe de cigarettes ?*

Il faut regarder du côté de l'intervention récente des policiers dans les territoires mohawks ; elle s'est réalisée en collaboration avec les forces policières autochtones. La même chose pourrait être tentée concernant la contrebande de tabac.

■ *Ainsi que pour la vente hors taxe de cigarettes ?*

Sur ce sujet, les deux camps se sont braqués. Il est difficile de connaître clairement la situation, car les parties ne sont pas en négociation.

■ *Le 4 juin 2008, les chefs mohawks sont intervenus à Ottawa dans une commission parlementaire sur la contrebande de tabac. Ils appellent à la négociation. Ils ont demandé aux gouvernements de s'asseoir à une table de négociations. Il semble que là se trouve la solution pour les chefs mohawks. Ils en font une priorité. De votre côté, à l'APNQL, la question n'apparaît pas comme prioritaire, n'est-ce pas ?*

Attention ! ce n'est pas le cas. L'APNQL, ce n'est pas moi. Ce sont les chefs, et ce sont eux qui décident des priorités ; si j'agis seul, je vais me faire rappeler à l'ordre. Si jamais une majorité des chefs jugent que ce commerce, à Kahnawake ou ailleurs, ne fait pas leur affaire, ils pourront alors se prononcer là-dessus et développer une position commune.

■ *La solution ne se trouve-t-elle pas en Ontario ? Une entente sur la fiscalité en matière de jeux de hasard et de casinos a été conclue en février 2008. Pendant cinq ans, quelques milliards de dollars seront redistribués dans une centaine de communautés autochtones. Cela a été décidé à la suite d'une entente hors cour quant au litige sur le droit de l'Ontario de taxer un casino dans la communauté autochtone de Rama. Du côté autochtone, on a dilué certaines revendications en matière d'exemption fiscale pour recevoir une partie des revenus des casinos ontariens. Peut-on envisager une telle entente au Québec quant à la vente hors taxe de cigarettes ? Le gouvernement québécois se plaint de la perte de revenus fiscaux de deux à trois cents millions de dollars par année. En quelques années, on atteint rapidement le milliard… De plus, une entente politique permettrait de mieux contrôler ce commerce et de voir plus clairement qui en bénéficie.*

Je pense que cela pourrait être mis en œuvre au Québec. Il faut cependant une volonté gouvernementale pour que cela se réalise. Si on allait dans ce sens au Québec, ces milliards pourraient permettre à nos communautés de développer et de diversifier leur économie. Je le répète, l'économie repose trop souvent sur des chèques d'assistance sociale. Sur un dollar d'assistance sociale, seulement vingt sous sont dépensés dans la communauté ! Ensuite, il y a ce fameux commerce de tabac pour certaines communautés. On comprend que les commerçants aillent au plus facile et au plus profitable. Si aucune autre activité n'entre en compétition avec ce commerce, la situation se maintiendra.

D'autre part, il se pourrait que des Premières Nations en soient venues à mieux contrôler cette forme de commerce en établissant des normes ou des limitations. Il faudrait mieux connaître ces cas. L'éventuel resserrement de ces activités repose sur les épaules des autorités politiques des communautés concernées.

Chapitre 6

DIX-SEPT ANS PLUS TARD :
PREMIER BILAN

■ *Le Forum socioéconomique de 2006 est une réalisation dont vous êtes très fier. Qu'est-il advenu des engagements pris par les gouvernements lors de cette rencontre historique de Mash- teuiatsh, au Lac-Saint-Jean ? Quel bilan faites-vous de ce forum ?*

Nous restons insatisfaits. Cela ne change pas assez vite. Le Québec bloque sur la question de nos droits territoriaux et du partage des ressources. Le gouvernement affirmerait probablement le contraire. Il est vrai que nous n'avons pas encore rejeté une proposition relative à nos territoires, proposition qui nous a été faite à la suite du Forum. Nous sommes à l'étape des contre-propositions. Le problème est en quelque sorte logistique. Nous avons manifesté notre volonté de rencontrer le premier ministre, mais on nous répond qu'il faut s'adresser au ministre responsable de ce dossier.

Depuis le Forum, plusieurs communautés ont développé des projets au moyen de fonds attribués lors de cette rencontre. Québec a renouvelé un programme de 95 millions de dollars, qu'il nomme maintenant Fonds d'initiatives autochtones, dont l'objectif est de favoriser le développement économique. De plus, il a créé un fonds particulier de 25 millions afin de mettre en œuvre sa politique en matière d'accommodement et de consultation, lors de développements des ressources en terre autochtone. On sait que la Cour suprême du Canada, dans ses arrêts *Nation haïda* et *Première Nation Tlingit de la Taku River* (contre la Colombie-Britannique, en 2004), a imposé aux gouvernements l'obligation de consulter et d'accommoder les Autochtones. Grâce à ce fonds, les communautés touchées par des développements ont les moyens de s'organiser, de s'informer, de donner leur point de vue et, je l'espère, d'être convenablement consultées et accommodées. J'imagine que l'existence de ce fonds est en relation avec la politique du Québec présentée dans le *Guide intérimaire en matière de consultation auprès des communautés autochtones* qui a été produit à la suite du jugement *Nation haïda*. Nous n'avons pas donné notre consentement à ce processus de consultation qui vise à remplir l'obligation juridique des gouvernements. D'ailleurs, nous constatons qu'avec le temps le *Guide intérimaire* devient de moins en moins « intérimaire »… Autrement dit, il acquiert un caractère permanent et il nous est imposé.

Nous avons donc un peu avancé dans le domaine du territoire et des ressources. Pour ce qui est de l'économie et de nos immenses besoins dans ce domaine, il y a eu une entente de 30 millions pour un fonds d'investissement. Notre part est de 5 millions et celle du Québec de 15 millions. Le gouvernement fédéral tarde cependant à investir sa part de 10 millions, ce qui retarde la mise en œuvre de l'entente. Le Québec souhaite que les communautés se servent de ce fonds pour développer des projets majeurs, par exemple en énergie éolienne. J'ai proposé une alliance avec le Québec pour faire pression sur le gouvernement fédéral : il s'agirait de passer à l'action, d'annoncer la disponibilité de nos fonds et de dénoncer l'absence du fédéral.

Nous avons quelque peu malmené le gouvernement fédéral lors du Forum. Plus on le critique, plus il se ferme à nous. Le premier ministre Harper n'a pas accepté notre invitation à être présent pour l'annonce d'une subvention de son gouvernement pour aider les communautés dans le domaine de la protection de la jeunesse. Il s'agit de faire en sorte que nos enfants ne soient plus placés en permanence hors de leur communauté. Il a refusé l'invitation que nous lui avons faite. Les relations entre nous ne sont pas très bonnes...

En tenant ce forum, nous voulions aussi développer et renforcer les liens avec nos propres communautés. Nous visions très haut ! Nous n'avons pas encore atteint notre objectif à ce sujet. Bien sûr, le Forum a été l'occasion de se rencontrer dans le cadre d'un événement public et politique, événement qui a été fortement médiatisé ; il est rare de voir pendant trois jours les deux gouvernements réunis aborder les dossiers qui nous intéressent. Mais l'arrimage de l'Assemblée des Premières Nations du Québec et du Labrador avec les communautés autochtones doit être davantage soutenu et développé. Le Forum a sensibilisé nos gens à cette importante question qui nous intéresse avant tout. Nous avons avancé dans cette voie, mais nous n'avons pas complètement atteint la concertation que nous souhaitons entre nous.

Par ailleurs, nous avons réuni de nombreux représentants de la société civile lors du Forum, et cela a été très fructueux. Il y a, là aussi, un arrimage à faire. Nous manquons cependant de temps et d'énergie pour donner suite à tous ces liens que nous souhaiterions nouer avec plusieurs organisations québécoises. Encore là, c'est une responsabilité qui nous revient.

Dans nos relations avec les ministères, nous avons réussi à changer quelque peu les comportements. Cela n'a cependant pas encore donné de résultats concrets. On nous informe maintenant davantage des projets de loi ou des politiques. Ainsi, la ministre du Patrimoine nous a avertis lorsqu'elle a annoncé son intention de présenter un projet de loi à l'Assemblée nationale. Nous avons aussi été consultés dans l'élaboration d'une politique en matière de discrimination raciale, même si elle concerne manifestement davantage les immigrants. Nous allons tout de même saisir l'occasion pour passer l'information sur notre situation spécifique dans ce domaine. La discrimination nous concerne aussi, faut-il le rappeler ? On nous a également invités à participer à une commission parlementaire sur la police. Oui, depuis le Forum, il semble que notre statut ait un peu changé aux yeux du gouvernement québécois. On nous oublie moins souvent ! Espérons que cela se poursuive et que nous puissions en tirer profit.

■ *Le gouvernement change ses façons de faire mais, de votre côté, qu'advient-il des projets de réforme des structures de fonctionnement de l'APN ? À l'APNQL, envisageriez-vous également des modifications dans vos façons de faire ?*

Le projet de réforme des structures de l'Assemblée des Premières Nations du Canada n'a pas abouti, sauf quelques modifications qui améliorent le déroulement de nos assemblées. Deux semaines avant la tenue d'une assemblée, les délégués reçoivent la liste des propositions qui seront débattues. Il s'agit d'une nette amélioration. L'idée d'élire le grand chef au suffrage universel n'a pas été retenue, loin de là ! C'est également le statu quo sur la question de la représentativité des membres des Premières Nations qui vivent à l'extérieur des réserves. L'APNQL s'en tient toujours au principe, adopté en 1997, selon lequel les chefs élus représentent l'ensemble des citoyens de leur communauté, que ceux-ci soient en ville ou non.

De notre côté, à l'APNQL, je fais une tournée des communautés afin de discuter de certaines questions de même nature. Elle se poursuit jusqu'à l'été 2008. Nous aurons à l'automne une assemblée extraordinaire, qui réunira non seulement les chefs mais aussi l'ensemble des élus ainsi que les représentants de nos commissions. C'est là que nos élus auront à trouver une façon de raffermir nos liens politiques. Il ne faut plus que les communautés puissent, comme c'est maintenant le cas, se retirer à leur guise de notre organisation pendant plusieurs années et, par la suite, y revenir suivant la conjoncture ou leurs intérêts. Nous allons tenter de tirer de cette assemblée extraordinaire des règles d'engagement et de participation plus claires et plus fermes. Nous devons trouver une solution à la participation irrégulière des chefs, et tout tenter pour concilier leurs politiques avec les nôtres.

Pour renforcer notre cohésion et notre crédibilité, nous envisageons de centraliser les commissions qui relèvent de l'APNQL et de développer une seule organisation d'une centaine de personnes. Cette façon de fonctionner pourrait nous rapprocher et, d'autre part, accroître notre crédibilité, non seulement auprès des gouvernements — qui jouent souvent sur nos prétendues ou réelles contradictions —, mais aussi auprès de nos communautés. Bien sûr, cette nouvelle entité régionale devrait harmoniser son fonctionnement avec celui des institutions locales des communautés. Nous devons éviter de nous marcher sur les pieds. Financièrement, cela permettrait aussi des économies d'échelle.

■ *Après dix-sept ans comme chef de l'Assemblée des Premières Nations du Québec et du Labrador, que retenez-vous de votre expérience en politique ? Qu'est-ce que vous ne saviez pas et que vous savez mieux maintenant ?*

Je retiens de cette expérience de politique active qu'il y a plusieurs façons de parvenir à ses fins. Il n'y a pas qu'une seule voie. Il existe chez les Autochtones une grande volonté d'autonomie politique, mais il y a beaucoup de chemin à faire pour que cela devienne la réalité. Les communautés ne sont pas toutes dans la même situation. Pour plusieurs, la question se pose : que fait-on d'ici à ce que cette autonomie politique se réalise ? Moi, je crois qu'il faut tenter de développer l'économie avec les moyens du bord. Les communautés doivent davantage exploiter leur potentiel économique, en se servant des outils de développement qui sont à leur disposition. J'ai appris que l'autonomie s'acquiert pas à pas.

Notre Forum socioéconomique visait justement à déterminer les étapes qui mènent à cette plus grande autonomie. Nous ne devons pas abandonner les principes politiques liés au droit à l'autodétermination, mais il ne faut pas non plus oublier de redresser notre situation socioéconomique. L'autonomie politique ne s'acquiert pas sans un redressement économique ; nous devons commencer par le début, pas par la fin.

Le film de Richard Desjardins et Robert Monderie illustre cette problématique[1]. *Le Peuple invisible* montre bien ce qu'a été le colonialisme, et les coupables sont bien identifiés. Je pense, par contre, qu'une partie de ce film s'adresse à nous. Desjardins nous interpelle. Il nous place devant un miroir. On voit bien qu'on part de loin ; pensons aux images tournées au lac Barrière. C'est tragique. Que fait-on ? On part de loin, de très loin, le chantier est considérable. Nous nous entendons tous là-dessus. Comment peut-on changer la situation ? Comment y arriver ?

À mon avis, il faut renforcer les gens. J'ai changé un peu de point de vue sur mon rôle en tant que chef. Je me voyais strictement comme le porte-parole des communautés ; je

---

1. Office national du film, 2008.

croyais que je devais tenir compte des diverses opinions et développer une position commune, quelles que soient les opinions émises. Je pense maintenant qu'il faut travailler à rendre les individus plus forts. C'était l'objectif visé par le Forum socioéconomique. J'y ai mis beaucoup d'énergie et j'ai obtenu là-dessus l'accord et la participation des communautés. Nous souhaitions que le Forum serve de bougie d'allumage pour le renforcement de nos communautés. Mais nous n'y sommes pas encore arrivés. Le Forum a agi comme un phare. Nous avons réussi à rencontrer le premier ministre Charest et son gouvernement pendant trois jours, événement qui a été suivi à la télévision par beaucoup de Québécois. Le Forum nous sert de modèle.

Mais il y a d'autres moyens pour renforcer nos gens et nos communautés. Sans continuellement attendre des changements politiques qui ne viennent pas, les communautés ont le pouvoir d'agir dans certains domaines. Par exemple, la communauté innue de Uashat, près de Sept-Îles, a réussi à convaincre une compagnie forestière de l'existence de ses droits ancestraux. C'est un bon moyen de faire pression sur les gouvernements pour qu'ils fassent de même, mais cela favorise aussi le développement économique. J'observe présentement qu'au pays se mettent en place plusieurs grands projets de développement, surtout dans les territoires des Premières Nations qui n'ont pas encore ratifié d'entente d'autonomie politique. Les communautés doivent saisir ces occasions pour favoriser leur développement économique.

■ *Si vous aviez un conseil à donner à un jeune Autochtone qui pense se lancer en politique, quel serait-il?*

Être à l'écoute, avoir les yeux grands ouverts! Les gens de nos communautés s'expriment maintenant plus aisément. À l'avenir, nous n'aurons pas le choix, nous devrons écouter ces voix émergentes et tenir compte de ce qu'elles nous disent.

■ *Si vous aviez un conseil à donner à un politicien non autochtone bien intentionné, quel serait-il ?*

D'être à l'écoute, lui aussi, mais de ne pas se limiter à écouter ! C'est trop facile d'écrire des discours et de les lire. Faire ce qu'on dit, c'est autre chose… C'est une question de sincérité, mais le contexte s'oppose trop souvent à la sincérité et au passage à l'acte. La société et les médias n'accordent pas beaucoup d'attention à notre situation. Les politiciens ne retirent pas beaucoup de bénéfices politiques des gestes qu'ils posent en notre faveur. Les médias ont accordé récemment beaucoup d'attention aux données de Statistique Canada qui montrent que nous sommes maintenant plus de un million au Canada. Nous tentons depuis des années d'informer la société des besoins énormes qui résultent de l'augmentation de nos populations, mais l'information ne passe pas. Sans doute qu'il n'y avait pas trop de nouvelles en ce début d'année pour que, pendant quelques jours, les médias s'intéressent à notre démographie ! Maintenant, les choses sont rentrées dans l'ordre, plus personne n'en parle ou ne s'en préoccupe. Tant que l'attention ne sera qu'épisodique, aucun politicien ne prendra la question autochtone au sérieux. Il ne mettra pas sa tête sur le billot. Jean Charest a lancé un cri d'alarme au sujet des piètres conditions du logement dans nos communautés lors du Forum socioéconomique. Depuis lors, rien.

■ *Que pensez-vous de Jean Charest ?*

Je suis déçu de l'opinion de son gouvernement sur la question de l'autonomie politique. Il la considère de façon très limitative. J'en ai pris pleinement conscience lorsque Jean Charest a annoncé, en compagnie des représentants de la société Makivik, la mise en place de la première étape vers un gouvernement régional pour le Nunavik. Assis au premier rang, j'ai eu l'impression qu'il me regardait dans les yeux lorsqu'il annonçait que les Inuits avaient accepté, eux, que leur gouvernement soit soumis aux lois de l'Assemblée nationale. D'ailleurs, son ministre Benoît Pelletier s'est clairement prononcé contre l'instauration d'un troisième ordre de gouvernement pour les Autochtones, avant son entrée en politique. C'était à l'époque de l'accord de Charlottetown. Cette position ne coïncide pas avec la nôtre.

■ *Depuis dix-sept ans, vous rencontrez toutes sortes de politiciens. Les politiciens autochtones se distinguent-ils des autres ?*

Ils se ressemblent sûrement beaucoup par le fait qu'ils n'ont plus de temps pour eux-mêmes ! Les chefs autochtones reflètent sans doute davantage la situation de leur population. Le politicien autochtone a occupé diverses fonctions : chasseur, trappeur, travailleur, etc. Il reflète bien la réalité de sa communauté. On dit souvent que c'est une sorte de travailleur social : il peut se faire réveiller au milieu de la nuit — davantage qu'un politicien non autochtone. Bien souvent, il a une connaissance directe de ce dont il parle. Il fait partie de ce pour quoi il se bat. Quant au système du conseil de bande, il ressemble à un conseil municipal. Les liens entre les familles sont peut-être tissés plus serré chez nous.

■ *Si vous aviez un conseil à donner à un chef autochtone, quel serait-il ?*

En général, je n'ai pas tellement de conseils à donner. Il y a beaucoup de potentiel parmi les chefs. Si j'avais un conseil à donner à un chef qui veut renverser la vapeur et changer une situation, je lui recommanderais de ne pas agir seul. C'est trop gros. Même dans le cas des petites communautés, il ou elle doit se doter d'une bonne équipe et donner de la force à ses gens pour qu'ils contribuent à changer la situation. Ce n'est pas simple. Depuis trente ans, depuis que des situations sociales difficiles se développent chez nous, les chefs, et les Autochtones en général, ont acquis certains réflexes ou comportements. Je crois qu'ils en sont venus à banaliser ces situations. Autrement dit, pour eux, les problèmes sont devenus en quelque sorte « normaux ». Je pense ici au suicide, aux problèmes de santé, au diabète. Même moi, j'oublie que je suis peut-être touché par le diabète. J'ai 53 ans et je risque de le développer. L'ai-je sans le savoir ? C'est le cas de milliers de personnes de nos communautés. On finit par trouver la situation normale et on oublie. Un ou une chef doit donc acquérir beaucoup de crédibilité et de soutien avant d'entreprendre des changements profonds. L'appui doit être suffisant pour qu'on arrive à changer la perception de ce qui est « normal » et les habitudes acquises au fil du temps.

DEUXIÈME PARTIE

TEXTES ET DISCOURS
DE GHISLAIN PICARD

Chapitre 1

ENJEUX LINGUISTIQUES
ET CULTURELS
DES PREMIÈRES NATIONS

Discours prononcé le 30 avril 2004 lors du Congrès annuel de l'Association québécoise des enseignants de français langue seconde.

Mesdames et Messieurs,

Kuei! Il me fait plaisir d'être ici avec vous aujourd'hui dans le cadre de votre congrès annuel, à la demande de votre Association québécoise des enseignants de français langue seconde, pour partager avec vous une réflexion concernant les enjeux linguistiques et culturels des Premières Nations.

Je remercie votre association et ses organisateurs et organisatrices pour leur esprit d'ouverture aux réalités autochtones et pour me permettre ainsi de prononcer cette conférence de clôture de votre congrès.

Les enjeux qui concernent les langues autochtones et les cultures autochtones de chez nous sont complexes, mais ils nous concernent tous et toutes, que nous soyons professeurs, enseignants, didacticiens ou décideurs politiques. Les langues et les cultures autochtones du Québec et du Canada constituent une richesse inestimable mais mésestimée. Elles constituent les modes de vie et de pensée des premiers peuples qui ont habité depuis des millénaires et qui habitent encore ce pays. Elles sont nos moyens d'expression et elles constituent nos identités propres. Nous en sommes fiers, mais cependant il faut bien avouer qu'elles sont en danger. Elles sont en évolution rapide et elles doivent s'adapter pour survivre à des environnements locaux, régionaux, nationaux et mondiaux en mutation accélérée. Nos langues et nos cultures constituent notre patrimoine commun et c'est à ce titre que nous avons tous et toutes la responsabilité de les préserver et de les mettre en valeur.

Je vous expliquerai dans un premier temps le contexte des familles linguistiques et des régions culturelles autochtones au Québec et au Canada. Je tenterai ensuite sommairement de vous décrire les principaux paramètres qui conditionnent les enjeux culturels de nos peuples. Je traiterai ensuite brièvement de la question des langues autochtones dans le contexte d'aujourd'hui et je terminerai en vous parlant de ma propre langue, la langue innue.

Les familles linguistiques et les régions culturelles

Il existe plusieurs langues et dialectes autochtones au Québec et au Canada. Les langues les plus parlées au Québec sont celles de la grande famille algonquienne ou algique. Elles sont donc proches et apparentées. La langue de mon peuple innu est de cette famille, de même que les langues crie, attikamek, micmaque, abénaquise, algonquine, objibwa et même celle des Pieds-Noirs de l'Alberta. L'autre grande famille linguistique est iroquoienne, c'est celle des Wendats, des Mohawks et des Six-Nations du côté de l'Ontario et de l'État de New York. La famille linguistique iroquoienne n'a pas de parenté avec la famille algonquienne. Une troisième famille est présente au Québec, c'est la famille eskimo-aléoute dont fait partie l'inuktitut parlé par les Inuits.

Il existe aussi plusieurs cultures autochtones au Québec et au Canada. Les grands spécialistes en ethnologie identifient de la façon suivante les régions culturelles autochtones au Canada : les régions arctique, subarctique, du Sud-Est et des Grands-Lacs, des Plaines, du Pacifique, etc. À ces diverses cultures correspondent des environnements, des traits caractéristiques et des modes de vie différents. Au Québec, les régions culturelles présentes sont les régions arctique, subarctique et du Sud-Est. À ces cultures sont rattachées des façons diverses de concevoir la vie et l'univers et de se comporter.

Les peuples autochtones de familles linguistiques différentes peuvent être de culture identique parce qu'ils vivent dans un environnement relativement semblable.

Les enjeux culturels

Un premier enjeu culturel concerne la capacité des différents groupes culturels à entrer en contact entre eux et avec les autres cultures avoisinantes. L'objectif consiste à vivre une relation interculturelle qui n'est pas l'assimilation mais qui vise l'intégration mutuelle. Certains spécialistes des cultures autochtones interprètent comme une perte culturelle le résultat de tout contact qui modifie le mode de vie originel des peuples autochtones. Cela constitue une vision fixiste des choses et cette approche considère l'Autochtone comme un simple objet inerte de la recherche. Cela ne va pas. Toute culture doit évoluer pour être vivante. Une culture qui refuse de s'adapter à son environnement changeant est condamnée à mourir et à disparaître. C'est aussi là la dure leçon des civilisations et des empires. L'évolution de nos cultures nous a permis de survivre jusqu'à aujourd'hui dans notre spécificité. J'avoue que certains changements culturels trop rapides se sont traduits par une assimilation plutôt que par une intégration. Je rappelle cependant que le phénomène de l'évolution culturelle n'est pas à sens unique. Notre histoire commune nous démontre les influences mutuelles qu'ont subies nos cultures respectives. L'important est de ne pas perdre ce qui constitue l'essence de nos cultures, dont la vitalité doit dépasser le folklore. Nos cultures doivent vivre à l'heure et selon la compétence de notre temps tout en conservant leur originalité.

Je n'ai pas le temps ici d'approfondir et de nuancer beaucoup notre propos mais je vais quand même vous mentionner quelques paramètres qui conditionnent l'évolution de nos cultures autochtones. Certains de ces paramètres nous sont spécifiques et d'autres sont communs avec la société majoritaire.

Le premier de ces paramètres est le choc de nos traditions avec le modernisme. Il s'agit de la friction issue de la rencontre d'un mode de vie ancestral avec le monde moderne. Cela cause des conflits intergénérationnels plus ou moins accentués selon nos communautés et nos nations. Cette situation nous impose souvent des choix déchirants en matière sociale, économique et politique, des choix à faire entre nos valeurs anciennes et la dynamique des sociétés contemporaines et de notre propre avenir.

Un autre paramètre dont il faut tenir compte pour apprécier nos cultures est la plus ou moins grande proximité des milieux urbains et de l'urbanité. Il est assez évident que les enjeux culturels, sociaux et économiques se posent de façon différente selon que l'on vit près de Québec ou Montréal ou à Obedjiwan en Haute-Mauricie, à Pakuashipi en Basse-Côte-Nord ou à Chisasibi à la Baie-James. C'est ainsi que le rythme et la contemporanéité de la sédentarisation ont un impact direct sur nos manières de faire et de penser.

Une troisième réalité doit être prise en compte dans cette analyse, il s'agit de la question de la reconnaissance de nos droits spécifiques. Ces droits sont d'origine historique et même préhistorique, et ils sont de plus en plus reconnus par la Cour suprême du Canada. Cependant, sur le terrain politique et dans la réalité, nos droits ne sont pas considérés à leur juste valeur par les gouvernements, et nous sommes tous et toutes interpellés comme citoyens et citoyennes responsables dans un État de droit dans cette recherche de justice envers les peuples autochtones. La reconnaissance concrète de nos droits nous fournira les leviers juridiques, sociaux et économiques nécessaires à notre gouvernance et au renforcement de nos capacités et de nos cultures.

Il y aurait plusieurs autres paramètres que nous pourrions mentionner et qui influent sur la vitalité de nos cultures mais le temps nous manque. Je ne voudrais cependant pas terminer cette partie de mon exposé sans souligner l'importance du phénomène de la mondialisation des communications, qui rejoint tout aussi bien nos peuples que la plupart des sociétés de la planète avec tout ce qu'il comporte de positif et de négatif. Je crois que c'est dans la mesure où notre culture et notre identité seront fortes et bien enracinées que nous serons en mesure d'entrer en relation avec les autres et avec la planète dans le respect mutuel. Dans le domaine biophysique tout autant que dans le domaine culturel, c'est la diversité qui fait la richesse des écosystèmes et des sociétés. C'est sur le terrain de la tolérance des différences que l'on trouvera une culture publique commune.

Les enjeux linguistiques

La langue est le véhicule d'expression et de transmission de la culture d'un peuple et même d'une nation. Le degré de vitalité des langues autochtones issues et représentatives de leur terroir respectif est directement influencé par l'intensité des transformations culturelles plus globales des sociétés concernées. Plusieurs de nos langues sont actuellement en perte d'authenticité et de qualité, et même en danger de disparition. Selon les statistiques du recensement canadien de 2001, près de cinquante langues autochtones sont encore parlées au Canada et plusieurs sont parlées par de très petits nombres d'individus âgés. Neuf langues sont parlées au Québec : l'inuktitut, le cri, l'attikamek, l'algonquin, le naskapi, l'abénaquis, le micmac, l'innu-montagnais et le mohawk. L'abénaquis n'est plus parlé que par quelques individus âgés et les langues huronne-wendat et malécite ne sont plus parlées couramment. Près de un million de résidants au Canada ont déclaré avoir une identité autochtone unique, mais 20 % seulement sont de langue maternelle autochtone.

Selon le professeur Louis-Jacques Dorais de l'Université Laval, la connaissance des langues autochtones est généralement plus répandue au Québec que dans l'ensemble du Canada, peut-être en raison de la coprésence du français et de l'anglais, ce qui réduit l'impact de la domination linguistique externe. La moitié des personnes qui se déclarent autochtones au Québec parlent une langue autochtone. Chez les Innus, 54 % parlent leur langue, alors que c'est 80 % chez les Attikameks, les Cris et les Inuits. On peut en conclure facilement que les nations les plus éloignées des centres urbains gardent et pratiquent mieux leur langue, et que les foyers de protection et de valorisation de ces langues sont les communautés tricotées serré.

Les différences de parlers dans une même société créent une distance de communication entre générations. Ce fossé additionné à la différence du mode de vie inhérent à l'âge des personnes crée aussi une distance dans la compréhension de la vie et du monde en général. Tout cela crée certainement une distorsion de la vision de l'avenir et des solutions qui permettront le développement de chaque communauté. Ce phénomène n'est pas d'égale nature selon les communautés et les nations autochtones. Cependant, il est évident que notre vision de l'avenir doit être claire et faire consensus dans nos communautés si nous voulons traduire un projet de société que nous saurons expliquer de manière convaincante aux gens de l'extérieur.

C'est bien évidemment sur la base de nos droits inhérents à gouverner nos affaires que nous pourrons protéger le mieux nos langues et nos cultures. Nous avons la responsabilité d'adopter des lois, des politiques et des programmes qui protégeront et mettront en valeur nos langues et nos cultures, mais les autres gouvernements et leurs institutions ont aussi cette responsabilité civique d'agir pour protéger ce patrimoine commun et ils ne le font pas.

Il existe quelques efforts louables pour renforcer nos langues autochtones. Le rapport de la Commission royale sur les peuples autochtones publié en 1996 a donné le signal d'alarme concernant le besoin de protéger les langues autochtones. Le programme *Initiative des langues autochtones* de Patrimoine canadien a pour objectif de protéger et de revitaliser les langues autochtones au profit des générations futures en favorisant une augmentation des locuteurs autochtones, la transmission de ces langues de génération en génération et leur utilisation dans des contextes familiaux et communautaires. Il s'agit là d'une action très positive qui devrait être accompagnée d'une reconnaissance réelle et concrète dans les législations et dans les politiques gouvernementales ainsi que par les institutions d'enseignement et de recherche[1]. Je

---

1. Ce programme d'appui aux langues autochtones a été supprimé par le gouvernement conservateur à l'automne 2006 *(note de l'auteur)*.

salue aussi l'initiative du ministère de l'Éducation du Québec et du Musée de la civilisation de publier la collection « Les Premières Nations » avec un guide du maître. Chacune des nations du Québec y est présentée dans un langage simple et dans un contexte vivant et moderne aux fins de compréhension des jeunes de niveau scolaire primaire. Je crois aussi que la mise en valeur de nos langues et de nos cultures passe par le contrôle de nos institutions scolaires et par l'élaboration de curriculums spécifiques.

La langue innue

Permettez-moi en terminant de vous entretenir simplement et avec affection de ma propre langue, la langue innue. J'en profite ici pour rendre hommage à trois universitaires qui ont consacré leur vie à l'étude et à la mise en valeur de la langue de mon peuple, Mmes Josée Mailhot et Lynn Drapeau ainsi que M. Gerry McNulty.

La langue innue appartient à la grande famille algonquienne et elle vient d'une vieille langue parlée par mes ancêtres il y a plus de trois mille ans, ce que les spécialistes appellent le proto-algonquien. C'est cette ancienne langue qui a donné naissance à l'ensemble de la famille algonquienne et aux diverses langues de cette famille qui sont parlées aujourd'hui, telles que le cri, l'attikamek et d'autres. Ma nation est composée d'environ 12 000 personnes et elle occupe traditionnellement un immense territoire situé entre le Saguenay–Lac-Saint-Jean et la péninsule du Labrador. Tous les Innus de ma nation parlent la langue innue même s'il existe quelques dialectes particuliers. Ces différences concernent surtout la prononciation et le vocabulaire. On observe aussi des différences de parler entre la génération des aînés et celle des plus jeunes. Ces différences s'expliquent parce que les jeunes utilisent plus de mots d'emprunt pour nommer les réalités nouvelles alors que les aînés utilisent des mots anciens pour nommer le territoire et ce qui concerne le mode de vie qu'ils ont connu. La langue est l'expression de la vie que l'on fait. Elle prend naissance dans son histoire et dans son environnement. Les jeunes connaissent peu le langage des animaux, de la géographie, de la façon de se comporter en forêt, de chasser et de pêcher, de se nourrir, de survivre, etc.

Notre langue a nommé les moindres parcelles de notre territoire et, aujourd'hui, les noms donnés par mon peuple sont encore utilisés, tels Ashuapmouchouan, Mistassini, Betsiamites, Kénogami, Nikoubau, Tadoussac, Nutashkuan, etc.

Mon peuple a forgé de nouveaux mots pour nommer les réalités nouvelles. Ainsi, *napatata* pour patate, *ishkoutew utapan* pour « bateau qui crache du feu » ou bateau à vapeur, *nahiet* pour assiette, *sashup* pour soupe, *Shetan* pour Sainte-Anne, *shikouteu* pour chicouté ou « fruit couleur de feu ou rouge », *kapimutat*, « celui qui rapporte quelque chose » (le serveur, le facteur, le barman), *kashishunikuapekaikanit* ou « il est en train de limer les fils de son instrument », soit le violon, etc. Le plus poétique est sans doute l'expression *pukuah-thipeukw-paikan*, utilisée chez les Mamit Innuat et qui veut dire « instrument qui mesure avec un petit étang » — soit le niveau du menuisier.

La langue innue a été écrite pour la première fois en 1766 par le père jésuite Labrosse de Tadoussac, qui voulait enseigner aux Montagnais à lire et à écrire. Il y est parvenu et, depuis ce temps, nos ancêtres lisent et écrivent leur langue, particulièrement pour des raisons de pratique de la religion catholique.

Plus récemment, les Innus ont adopté une manière standardisée d'écrire leur langue, et un dictionnaire de 22 000 mots a été publié en 1999. Au cours des quatre derniers siècles, la langue innue a absorbé plusieurs mots français, probablement tout autant que la langue crie a absorbé et intégré des mots anglais. C'est ce qui fait que nos langues algonquiennes étaient plus proches l'une de l'autre il y a quatre cents ans qu'aujourd'hui.

C'est ainsi que va l'évolution des langues. La langue espagnole est plus distante aujourd'hui qu'hier de la langue française même si elles ont pour ancêtre la même souche latine. Il en est sans doute ainsi de l'allemand et de l'anglais même s'ils sont de même souche germanique.

Ma langue n'a pas de genre masculin ou féminin mais plutôt les genres animé et inanimé. Ainsi, les mots ont une vie ou n'en ont pas. *Niapmau* veut dire « voir quelqu'un » et *niwapaten* veut dire « voir une chose ». On peut ainsi en langue innue « voir avec les yeux du cœur » une personne parce qu'elle est vivante ou simplement voir un objet physique. Notre langue est essentiellement vivante et centrée sur l'action et le verbe. Comme dans certaines langues orientales, nos mots sont construits par l'agglomération de plusieurs petites unités de sens. Par exemple, on dit d'une chaise *tetapuakan* : *tet* (dessus), *apu* (s'asseoir) et *akan* (la chose), donc au sens littéral « la chose sur le dessus de laquelle on s'assoit ». Dans notre langue, il n'y a pas d'adjectifs, on les remplace par l'action d'un verbe. On dit « cela est beau », « cela est grand », etc.

Voilà pour quelques caractéristiques de notre langue innue, de la famille algonquienne. On aurait pu parler aussi de nos légendes, de nos récits mythiques, de nos savoirs traditionnels, de notre culture matérielle, de notre spiritualité, mais le temps nous manque. J'espère simplement avoir su vous toucher par ma présentation et avoir su vous transmettre l'affection que mon peuple a pour sa langue et pour sa culture.

Je vous remercie de m'avoir écouté et j'espère avoir contribué à vos réflexions et vous avoir sensibilisés aux problématiques linguistiques et culturelles autochtones. J'espère que cette compréhension de nos réalités fera de vous des éléments attentifs à la sauvegarde de notre patrimoine tout à la fois particulier et commun.

Tshinashkoumeten, merci beaucoup.

Chapitre 2

RÉUSSIR DES PARTENARIATS DURABLES AVEC LES COMMUNAUTÉS AUTOCHTONES

Discours présenté à Montréal le 19 avril 2005, à l'occasion du quatrième Forum québécois sur l'électricité de l'Institut canadien.

J'ai le plaisir d'être ici aujourd'hui pour participer à ce quatrième Forum québécois de l'Institut canadien portant sur l'électricité. Je suis particulièrement content de l'existence de ce type de forum pour permettre de discuter de questions d'importance majeure concernant nos relations dans un contexte de respect mutuel et de sérénité.

L'objet de nos interrogations concerne particulièrement l'approche et les conditions de réussite de partenariats durables avec les communautés autochtones. Je ferai d'abord une analyse plutôt générale de la question et je préciserai ensuite les paramètres nécessaires à des partenariats durables.

D'entrée de jeu, je souligne qu'il existe deux volets principaux à cet enjeu : le premier est celui de la reconnaissance et du respect de nos droits spécifiques ; le second est celui de l'harmonisation de nos relations sur le terrain par des ententes concrètes de partenariat.

Reconnaissance et respect

La question des droits ancestraux des Premières Nations n'est pas nouvelle. Elle est incontournable dans toutes les discussions même si on peut conclure des ententes de bon voisinage et d'accommodement qui n'y portent pas atteinte. Depuis plus de vingt ans déjà, la Cour suprême du Canada a promulgué plusieurs arrêts importants précisant la nature de ces droits et les obligations de la Couronne de respecter ces droits. Les plus récents de ces jugements concernent les affaires *Haida Nation* et *Taku River* dans l'ouest du pays. À l'unanimité, les juges ont conclu que les gouvernements fédéral et provinciaux ont une obligation de consulter les peuples autochtones pour tout développement du territoire qui pourrait affecter leurs droits ancestraux et de prendre en considération leurs intérêts avant de lancer des projets de développement dans un territoire faisant l'objet de revendications ou pour lequel la prétention de droits semble fondée. Il va de soi pour nous que ces obligations sont aussi valables dans le contexte d'un projet qui pourrait porter atteinte à des droits de traité.

Ces jugements sont tout simplement conséquents à l'obligation de conciliation des droits imposée par la portée de l'article 35 de la Loi constitutionnelle de 1982. Nous ne sommes pas dupes ni naïfs et nous savons que la concrétisation de ces droits par les gouvernements n'est pas chose faite. Dans les faits, la reconnaissance juridique des choses précède leur reconnaissance politique alors que c'est le contraire qui devrait se passer. Cela cause un certain nombre de problèmes sur le terrain, on en convient, parce que les prérogatives des uns et des autres ne sont pas claires.

C'est dans ce contexte que nous avons proposé, il y a maintenant presque deux ans, soit le 17 juin 2003, la mise en place d'un Conseil conjoint des élus. Il s'agit d'un lieu d'échange, de discussion et de règlement réunissant des élus des Premières Nations et ceux du gouvernement du Québec. Cette table a siégé un certain nombre de fois jusqu'à maintenant. Son mandat est en principe de traduire la volonté politique du gouvernement du Québec de répondre aux préoccupations des Premières Nations. La démarche de ce conseil est lente, mais nous avons peu le choix de maintenir ouvert ce créneau de discussion sur des questions fondamentales et de chercher à mettre en place un terrain fertile de règlement de différends potentiels. C'est le seul endroit où nous avons la possibilité d'aborder des questions de fond sur les enjeux qui nous préoccupent. Nous avons porté à cette table le débat sur le thème du territoire et des ressources naturelles et nous avons proposé une forme de cogestion de la décision en matière d'aménagement du territoire. Nous attendons encore la réponse ministérielle, qui n'est toujours pas venue.

Dans le même sens, nous avons entamé un dialogue avec l'Union des municipalités du Québec. Certaines Premières Nations ont d'excellentes relations avec les municipalités et même des ententes de concertation en matière de développement conjoint, mais certaines autres situations sont conflictuelles. Nous avons intérêt à nous parler et à travailler ensemble dans la mesure du respect de la différence. D'ailleurs, la Fédération des travailleurs du Québec cherche, depuis 1998, à mettre sur pied un comité sur les relations avec les communautés autochtones. Il est cependant difficile d'assurer une réelle continuité et une efficience à ces structures conjointes pour diverses raisons. Les préjugés et l'ignorance sont encore des bases solides d'incompréhension mutuelle.

Nous pouvons dès lors nous poser la question dans le présent débat sur les conséquences induites par la jurisprudence des tribunaux canadiens concernant nos droits. Notre vision des choses est la suivante :
• Les Premières Nations détiennent des droits particuliers sur le territoire du Québec et sur ses ressources.

• Afin de faire respecter et protéger nos droits ancestraux et notre mode de vie traditionnel, nous croyons que nous sommes parfaitement légitimés de participer activement aux développements énergétiques futurs du Québec, pour éviter toute atteinte non justifiée à nos droits ancestraux.

• Tout développement sur les territoires ancestraux doit se faire dans le respect des droits et du mode de vie des Premières Nations.

• Notre apport historique au développement énergétique du Québec est une réalité qui doit être comprise, respectée et acceptée par les Québécois.

• Nous soutenons les démarches actuelles qui visent à contrer le gaspillage d'énergie et à promouvoir les programmes d'efficacité énergétique sous toutes leurs formes.

• Nous voulons participer au développement de l'énergie propre.

• Nous devons être reconnus comme partenaires à part entière par les Québécois.

Harmonisation de nos intérêts

En introduction, nous avons annoncé que le deuxième volet de notre question concerne l'harmonisation de nos intérêts sur le terrain. Sous réserve du cadre mentionné, mais pas à n'importe quel prix, nous favorisons la négociation et la conclusion d'ententes de partenariat avec les promoteurs de développement énergétique et avec les milieux régionaux.

Nous souhaitons un plein partenariat pour la gestion durable de nos territoires et de leurs ressources. L'existence de notre relation particulière avec l'État, en raison de l'existence de nos droits préhistoriques et historiques, n'empêche pas les Premières Nations de développer diverses relations harmonieuses avec les institutions régionales. Dans ce contexte, cela ne relève pas l'État de ses responsabilités fiduciaires de consultation des peuples autochtones pour les développements qui peuvent affecter leurs droits. Ces consultations nécessaires et essentielles ne doivent pas se faire n'importe comment. Il ne suffit pas d'obtenir de simples commentaires des organisations autochtones sur des projets préalablement ficelés. Il ne suffit pas de cocher le petit carré « Indiens consultés » d'une grille les identifiant sur une liste de contraintes pour croire que la démarche est valable. La consultation doit avoir lieu en amont de la décision et elle est une démarche préalable essentielle à toute tentative de mise en valeur des ressources.

La plupart du temps et dans divers forums, nous faisons valoir nos besoins, nos droits et nos revendications, mais cela est lamentablement ignoré par la suite dans l'application des lois existantes ou dans l'élaboration des politiques, lois ou règlements nouveaux. Le partage de certaines responsabilités avec le niveau régional ne peut être possible et conciliable que dans la mesure où les Premières Nations sont étroitement impliquées dans les décisions, de gouvernement à gouvernement, en amont des projets.

Les projets ne sont pas tous d'égale valeur ni d'égale acceptabilité. Les projets doivent être justifiés socialement, économiquement et environnementalement et subir l'épreuve de l'analyse du développement durable.

Notre organisme a élaboré en ce sens une Stratégie de développement durable et nous avons mis en place un institut pour accompagner les Premières Nations locales dans leurs démarches critiques. Pour prendre une décision éclairée, il nous faut aussi connaître et contrer les effets sociaux et environnementaux négatifs des projets sur nos communautés et sur nos propres projets de développement.

En juin 2003, notre assemblée a développé le Protocole de consultation des Premières Nations du Québec et du

Labrador. Nous avons précisé dans ce texte qui sert de guide aux communautés les conditions essentielles à la mise en place de véritables consultations :

• Les parties doivent agir de bonne foi tout au long du processus.

• La consultation doit précéder une décision qui porte ou pourrait porter atteinte aux droits ancestraux ou issus de traités des Autochtones.

• La consultation doit être un processus spécifique et autonome qui ne s'inscrit pas dans le cadre régulier de consultation des autres acteurs sociaux, ce qui ne nous restreint pas d'y participer aussi.

• Les délais envisagés doivent permettre à la Couronne de considérer véritablement le point de vue des Autochtones et la consultation doit donner lieu à de véritables discussions.

• Les Autochtones n'ont pas à démontrer l'existence de droits ancestraux devant les tribunaux pour que la Couronne soit tenue de les consulter ; une prétention sérieuse de droits suffit.

• La Couronne ne peut déléguer à des tiers son obligation de consulter.

• Un refus de participer à une consultation ne doit pas être interprété comme un consentement à un projet.

• La Couronne a l'obligation de tenir compte des préoccupations des Autochtones et de le démontrer.

• La Couronne a l'obligation de donner toute l'information nécessaire aux Autochtones dans des délais raisonnables de telle sorte qu'ils aient la possibilité de faire part de leurs droits, de leurs intérêts et de leurs préoccupations, de faire des recherches, de demander des avis d'experts et de réaliser des consultations internes.

• La Couronne doit considérer sérieusement la représentation des Autochtones.

• La Couronne doit consulter avant de poser ses actes propres et avant que des mandats et des permis ne soient émis à des tierces parties.

• Un consentement libre et éclairé, la confidentialité et une analyse des avantages et inconvénients sont les éléments clés de la consultation.

• Les gouvernements doivent être soucieux du lien sacré qui unit les Premières Nations à la Terre, de leur nécessité d'avoir accès aux ressources naturelles, des droits qui en découlent et des responsabilités qu'elles ont à cet égard.

• Les Premières Nations doivent avoir accès à des ressources financières et humaines adéquates pour leur permettre de participer pleinement aux consultations ; un plan de développement économique et social présenté par les Premières Nations doit accompagner ce processus.

• Une étude des répercussions du projet doit être réalisée par la Première nation concernée et ses perspectives de développement social et économique doivent être identifiées.

Voilà, pour l'essentiel, le cadre d'une consultation sérieuse et réussie. Avant que nous ayons développé et mis en place ce protocole de consultation, plusieurs discussions ont eu lieu entre promoteurs et Premières Nations. Ces discussions n'ont pas toutes abouti ou ont considérablement déçu les Premières Nations au plan des résultats. Nous avons maintenant un outil nuancé qui nous permet de mettre la table avec des chances de succès.

Je dois cependant avouer que, dans le passé, il y a des exemples de négociation d'ententes réussies. Je mentionne l'entente Opimiscow (1993), la Paix des Braves et l'entente concernant une nouvelle relation entre Hydro-Québec-SEBJ et les Cris d'Eeyou Istchee de 2004, les ententes concernant la rivière Sainte-Marguerite (Uashat-Mani-Utenam, 1994) et la rivière Toulnoustouc (Entente Pessamit, septembre 1999) sur la Côte-Nord, les ententes des rivières Manouane et Péribonca au Lac-Saint-Jean (Mashteuiatsh, 1993), l'entente de la Ligne 12 en Mauricie (1993), et plus récemment les discussions avec la communauté attikamek de Weymontachie pour la rivière Saint-Maurice. Ces ententes ont permis la mise en place de mesures d'atténuation, l'accès à certains contrats et à des emplois, la protection de certains sites et même l'accès dans certains cas à un pourcentage de la propriété de l'entreprise. C'est là la preuve que, quand l'on veut réussir à développer une relation intelligente dans le respect des droits et des autres, on peut parvenir à des résultats positifs.

En conclusion, je dirais que la reconnaissance des droits spécifiques des Premières Nations impose une attitude de partenaires entre l'État et les Premières Nations et que notre participation à la gestion du territoire et des ressources est essentielle. Des consultations préalables doivent être menées en amont des décisions d'aménagement ou de développement.

Les répercussions des projets sur le mode de vie des Premières Nations doivent être clairement identifiées de même que les avantages et inconvénients des projets. L'existence de nos droits spécifiques n'empêche pas la possibilité d'entreprises conjointes et de discussion au niveau régional et local.

Nous avons fait connaître nos balises de discussion, elles sont maintenant connues et elles constituent des paramètres essentiels à la réussite de partenariats durables avec les communautés autochtones.

Merci.

Chapitre 3

VERS LE FORUM SOCIOÉCONOMIQUE DES PREMIÈRES NATIONS

Texte paru dans Le Devoir *du 16 octobre 2006.*

Le temps de la franchise est venu

Le premier grand forum panquébécois portant sur l'avenir socioéconomique des Premières Nations se déroulera du 25 au 27 octobre prochains à Mashteuiatsh. Cet exercice, comparable au Sommet de l'économie et de l'emploi présidé par M. Lucien Bouchard en 1996 et au Forum des générations de M. Jean Charest en 2004, est d'une importance fondamentale pour nos Premières Nations.

Quelles sont les chances et les conditions de succès de ce forum ? Une réflexion préalable s'impose.

Un ensemble de dirigeants et de représentants de la société civile québécoise et canadienne participeront à ces travaux, avec les dirigeants des peuples autochtones du Québec, afin d'unir leurs forces autour d'objectifs concrets. Nos peuples n'ont pas le choix ni les moyens de manquer cette occasion historique. Un assemblage de vœux pieux ne pourra traduire pour notre jeunesse nombreuse l'espoir sensible à un avenir prometteur. De vagues promesses échangées de part et d'autre ne suffiront pas.

Nos Premières Nations sont à l'avant-garde de cette responsabilité qui consiste à sortir nos peuples du sous-développement et du marasme social qui affligent la majorité de nos communautés. La balle est dans notre camp, et nous le savons.

Nous avons d'énormes changements à apporter dans nos approches d'éducation populaire, de sensibilisation publique et de gestion de services intégrés, mais les gouvernements ont aussi une responsabilité indéniable.

Nous devons changer notre approche et penser en termes de nouvelle économie, d'économie sociale, d'économie régionale. Nous ne pouvons réaliser cette nécessaire révolution seuls, sans le soutien des Québécois et des Québécoises, mais certains obstacles nous éloignent.

Le fossé oublié

Un immense fossé sépare les conditions de vie des Québécois et des Québécoises et celles de nos peuples. Nous avons publié récemment les résultats d'une vaste enquête réalisée auprès de 4 000 membres de nos communautés, soit près de 10 % de la population autochtone totale vivant au Québec. Le constat de la situation est tellement alarmant que certains l'ont qualifiée de « tiers monde de l'intérieur ».

La moitié des adultes n'ont pas terminé des études secondaires et la moitié des enfants ont redoublé une année scolaire. L'obésité touche 52 % des enfants, 42 % des adolescents, 67 % adultes et 71 % des aînés. Le taux de diabète des jeunes est de 15 %, il est trois fois plus important que celui du Québec. Le taux de tabagisme a quelque peu régressé, mais il est encore deux fois supérieur à celui du Québec.

La consommation d'alcool et de drogues est élevée ; un adulte sur trois et un adolescent sur deux ont consommé de la drogue ou des substances volatiles dans les douze mois précédant l'enquête. Un adulte sur six s'est fait traiter pour grave abus d'alcool.

Les conséquences en matière de violence verbale, physique ou psychologique sont majeures. Dix pour cent des maisons sont surpeuplées et une sur trois est infestée de moisissures. Les Premières Nations doivent être impliquées dans les processus décisionnels en matière d'eau aux niveaux national, provincial, territorial et local.

Le tiers des adultes considèrent avoir été victimes de racisme dans l'année. L'assurance-emploi et l'aide sociale comptent pour 44 % des revenus, même si le taux d'emploi a légèrement augmenté. L'usage d'une langue maternelle à la maison a chuté à 39 %.

Je pourrais citer d'autres indices de développement humain alarmants, mais j'en conclurais de toute façon que nos problèmes sociaux sont majeurs, que notre retard à cet égard sur la société québécoise et canadienne est important et que la détresse psychologique est très grande dans nos communautés. Cette situation est dramatique aujourd'hui ; elle hypothèque notre avenir et elle est insupportable à long terme.

Leadership à assumer

Je ne peux accepter cette situation ; les dirigeants politiques et sociaux des Premières Nations, de même que les acteurs sociaux et politiques québécois et canadiens ne le peuvent pas plus. Un vaste exercice de mise au jour de solutions et un programme exhaustif et réaliste d'intervention sont nécessaires.

Nous n'en sommes plus aux analyses et aux constats. La Commission royale sur les peuples autochtones a étudié en détail et avec lucidité ces questions pendant cinq ans et elle a présenté des centaines de recommandations dans son volumineux rapport de 1996, qui sont pour la plupart demeurées lettre morte, faute de volonté de nos hommes et femmes politiques.

En 1998, le gouvernement du Québec nous a imposé sans consultation sa politique intitulée « Partenariat, Développement, Actions ». Une entente conjointe appelée « Engagement politique mutuel », signée le 17 juin 2003, a engendré plus de frustration que de résultats positifs.

Mon explication de cette absence de résultats est que jamais les Premières Nations n'ont pu prendre l'initiative et assurer le leadership d'un tel exercice de mobilisation. La reconnaissance et la mise en œuvre de nos droits fondamentaux ne connaissent aucun développement significatif, malgré de nombreux jugements d'interprétation favorables de la Cour suprême du Canada depuis plus de vingt ans.

Nous avons tous besoin d'un effort original d'imagination et de pragmatisme. Nous n'en sommes plus aux palabres et tergiversations, nous en sommes au courage d'agir concrètement, ce qui est possible malgré certaines relations litigieuses.

Je ne suis pas assez naïf pour penser que la relation générale entre les Québécois, les Québécoises et les Premières Nations est sous le signe de l'harmonie universelle. Je suis conscient des tensions et des litiges qui existent concernant plusieurs questions.

À titre d'exemple, je ne citerai que les droits territoriaux, le maintien de l'ordre et la sécurité publique sur nos territoires, la planification, l'aménagement et l'exploitation du territoire, la décentralisation régionale, les perspectives de souveraineté, l'intégrité du territoire, le statut de réserve indienne, nos droits de pratique d'activités traditionnelles, notre droit à l'autonomie de gouvernance et notre contexte fiscal.

Ce sont là des sujets importants d'incompréhension et de désinformation qui polluent périodiquement nos relations, de même que les ondes et les tribunes téléphoniques de plusieurs médias.

Au cours des dernières années, nous avons honnêtement tenté de trouver des solutions à ces objets de litige en mettant en place un conseil conjoint des élus du Québec et des Premières Nations. Cette initiative n'a pas donné les résultats escomptés, et nous en sommes probablement tous en partie responsables. À notre avis, les conjectures politiques québécoises et le manque de volonté politique y sont pour beaucoup.

Pour avoir vu neiger depuis bien des lunes, je suis personnellement convaincu que, pour faire évoluer positivement notre relation et pour changer la situation, une révolution tranquille des mentalités est nécessaire. Cela exige une bonne dose de courage politique, une préoccupation de justice historique envers nos peuples, un minimum d'imagination, le respect de nos priorités et une approche consensuelle et surtout pas paternaliste. Cela est vrai pour tout parti ou personne politique que ce soit.

Développer l'autochtonisme

L'existence de nos incompréhensions mutuelles ne veut cependant pas dire que nous ne pouvons pas discuter et nous entendre sur le terrain concernant des partenariats concrets. Le juge Jean-Charles Coutu conçoit le « partenariat » comme impliquant l'abandon du pouvoir que l'un détient sur l'autre, et c'est comme ça qu'il faut le voir.

Il existe des exemples positifs de relations réussies. Les mariages mixtes entre les membres de nos peuples sont nombreux, plusieurs partenariats économiques sont des succès, le partage de services en éducation et en santé est courant, des approches pénales qui nous sont spécifiques sont tentées par plusieurs juges, les centres d'amitié autochtones sont des points de rencontre entre nous et, dans toutes les régions, plusieurs festivals populaires nous réunissent.

Concrètement, si l'on veut réduire nos divergences et renforcer nos convergences dans les dossiers que j'ai nommés antérieurement, cela veut dire que le Québec et le Canada doivent développer ce que l'humaniste et géographe Louis-Edmond Hamelin a identifié comme étant l'« autochtonisme ». Ce principe consiste simplement à ce que le Québec et le Canada soient ouverts à nous, à notre différence, et qu'ils consentent à convenir avec nous des règles du jeu. Notre avenir nous appartient, ce ne sont pas les gérants d'estrades qui vont décider à notre place. De notre côté, nous avons probablement à faire notre examen de conscience et devons remettre en question les impacts populaires négatifs au Québec et au Canada de nos discours les plus radicaux.

Le partenariat entre nos peuples consiste bien sûr à renforcer notre amitié dans le respect mutuel, mais il faut éviter la mièvrerie. Il nous faut communément assumer les aspects problématiques de nos relations issus du contexte historique et politique autochtone-québécois. Accepter la charge problématique de nos enjeux communs, c'est faire preuve de maturité, c'est faire avancer une relation qui stagne. Des amis peuvent atteindre une qualité supérieure de relation s'ils savent reconnaître et prendre en compte leurs défauts mutuels.

Nous avons de nombreux devoirs à faire dans notre propre cour. Les différences de culture, de langue et de développement sont importantes entre les Premières Nations. Même si notre solidarité comme peuples autochtones est solide, notre unité politique est fragile et nos approches du développement sont encore peu concertées. Le Forum socioéconomique des Premières Nations, qui se tiendra du 25 au 27 octobre 2006 à Mashteuiatsh, est donc le moment pour nous d'arrimer nos moyens d'action et de mettre en commun nos ressources.

Défaire des préjugés tenaces

Nos peuples sont prêts à envisager l'autonomie gouvernementale pour remplacer la tutelle actuelle de la Loi sur les Indiens. Un statut constitutionnel que nous jugerions valable pourrait remplacer le statut actuel des réserves indiennes qui nous apportent autant d'inconvénients que d'avantages.

Nous sommes disposés à négocier un encadrement strict des avantages fiscaux actuels ou même à y mettre fin, dans la mesure où nous aurions accès à un régime fiscal autonome et à des revenus compensatoires de nos terres traditionnelles.

Nous avons tout autant besoin d'autonomie en matière d'éducation que de redressement dans la façon de gérer certaines de nos institutions en vue d'optimiser la qualité de l'instruction et de combattre le décrochage scolaire. Nous avons besoin de mettre en place des mesures d'éducation populaire pour vaincre l'obésité et le diabète endémiques de nos communautés. Nous avons besoin de formation et d'une économie pour combattre le désœuvrement.

Nous avons encore besoin pour un certain temps d'exercices collectifs et individuels de guérison pour éliminer les séquelles négatives des pensionnats indiens, les abus de drogues et d'alcool et les violences qui s'ensuivent. Nous avons besoin d'une justice efficace qui nous ressemble et qui protège nos sociétés. Nous sommes solidaires et nous voulons être actifs concernant les revendications des femmes autochtones du Québec de la même façon que nous appuyons la lutte du mouvement mondial des femmes contre la pauvreté et la violence.

Certains nous reprochent de coûter cher à l'État. Cela doit être relativisé considérant que nous devons assumer, sans revenus de taxation et dans un marché immobilier inexistant, les responsabilités de l'habitation, des terres, des immeubles, de l'éducation, de la santé, des services sociaux, du développement social, du développement économique, de la culture, de la langue, de l'environnement, des activités traditionnelles, etc.

Cependant, cette affirmation sera d'autant plus vraie que nos communautés continueront d'être pauvres et sous-développées et qu'elles bénéficieront obligatoirement de transferts gouvernementaux. Seul un véritable développement social et économique changera cet état de fait.

Un immense rattrapage, se traduisant en investissements, est aussi nécessaire pour nous doter de logements convenables et suffisants, pour obtenir des infrastructures décentes et pour combler nos besoins de formation de tous ordres.

Un bel exemple d'inertie est celui de la stratégie de formation professionnelle que nous avons élaborée et à laquelle le gouvernement canadien ne donne pas suite depuis près de dix ans. Notre Conseil en éducation des Premières Nations propose des gestes concrets, qui ont fait l'objet d'une concertation chez nous, mais qui sont ignorés par les autorités gouvernementales.

Les constats et les recommandations ont été faits dans la plupart des dossiers depuis longtemps, il s'agit maintenant essentiellement de passer de la parole aux actes.

Je suis convaincu que l'ABC de la nécessaire révolution douce de nos relations commence par l'acceptation par les Québécois des prémisses suivantes :

• Les Québécois ne sont pas seuls sur le territoire et n'en

occupent qu'une mince partie urbanisée ; les Premières Nations vivent aussi sur ce même territoire, y sont chez elles depuis des millénaires, elles connaissent et occupent l'immensité de ce territoire et elles l'aiment. Le territoire non urbanisé n'est pas le Klondike des villes du Sud mais le cœur de nos pays autochtones, le terroir de nos langues et de nos cultures.

• Le Québec détient des droits constitutionnels sur le territoire, les peuples autochtones aussi, et ces deux réalités sont reconnues dans la même constitution canadienne. Ce n'est pas parce que certaines de nos communautés sont métissées que ces droits n'existent plus. Les titres fonciers des Québécois ne disparaissent pas à cause du métissage de leur société, pas plus que les nôtres.

• Les plus hauts tribunaux canadiens et le régime juridique global ont reconnu l'existence des droits ancestraux, du titre aborigène et des droits de traité. Même si l'application de ce constat doit être modulée par des analyses historiques et territoriales, cet état de fait est incontestable.

• Il faut dépasser les préjugés courants et les perceptions tordues sur nos réalités et aller au fond des choses. Le principal mythe à détrôner est celui selon lequel les Autochtones coûtent cher à l'État, plus cher que les autres citoyens. La réalité est tout autre.

En 2004, nous avons publié une étude professionnelle sur cette question, dont la principale conclusion est que les Premières Nations ne reçoivent pas un financement particulier supérieur à celui de chaque Canadien. Au contraire, les Canadiens obtiennent des services des gouvernements fédéral, provinciaux et municipaux au moins deux fois supérieurs à ceux offerts aux Premières Nations. Celles-ci se classent parmi les communautés canadiennes les plus pauvres, et cet écart ne se réduit pas avec les années dans un contexte de forte natalité.

Nos devoirs à faire

Même si nos peuples détiennent des droits territoriaux, ils partagent leur pays et ils continueront à le partager ; ils n'accepteront jamais de se faire déposséder et ils feront de plus en plus valoir leurs droits. Par-delà le débat des droits se profile l'enjeu difficile du développement. Les régions du Québec ont les mêmes défis économiques et sociaux à relever que nos Premières Nations. La différence entre nous réside dans le fait que les régions se vident de leur jeunesse alors que la jeunesse autochtone est en croissance exponentielle et demeure sur place.

La structure d'âge de nos populations étant extrêmement jeune, on se doit de créer rapidement de nombreuses occasions d'emploi. Nous n'avons pas le droit de sacrifier au désœuvrement cette génération de main-d'œuvre potentiellement active et créatrice.

Nous avons la lourde tâche de définir une vision commune et unifiée du développement. Le développement social est intimement lié au développement économique, ils sont comme des frères siamois.

Le développement durable du Québec passe par le nôtre, il est semblable mais distinct. Votre société, votre environnement et votre économie ne trouveront une harmonie que dans une synergie avec les nôtres. Votre qualité de vie ne peut pas se bâtir à notre détriment mais en complémentarité avec nous.

Les programmes qui nous sont actuellement accessibles se situent toujours dans une approche coloniale. L'administration qu'on fait de ces programmes doit cesser d'être sectorielle, la main droite ignorant ce que fait la main gauche. Cela conduit au gaspillage des énergies et de l'argent de chacun. Le social, l'éducatif, le culturel, le politique et l'économique doivent être orientés vers une vision globale du développement. Il nous faut arrêter d'être complaisants, avec une vision infantilisante des réalités.

Nous avons à relever ensemble le défi de la mondialisation dans le respect de nos cultures spécifiques et de nos terroirs ; les Québécois y sont tenus, les Premières Nations aussi.

Nous devons ensemble concilier des droits distincts et le droit à l'égalité en valeur et en dignité. Dans ce contexte, le concept d'égalité ne signifie pas similitude. Nous ne sommes pas et n'avons jamais été des citoyens canadiens et québécois comme les autres, car nous sommes des peuples autochtones et possédons des droits collectifs ancrés dans la terre de nos ancêtres.

Rien d'irrévocable

Notre bonne volonté commune ne suffira pas à relever les défis d'aujourd'hui et de demain si elle ne s'articule pas avec les structures sociales, politiques et économiques de nos sociétés fonctionnant en symbiose avec celles du Québec et du Canada. Notre sous-développement n'est pas irrévocable, la suite des choses prendra la couleur qu'on voudra lui insuffler. Nous pouvons et devons relever ensemble le défi du développement.

Le moment est historique. La table est mise pour nos Premières Nations et nos partenaires afin d'ouvrir la voie à un avenir prometteur pour les jeunes, les familles, les aînés, les communautés et nos membres vivant en milieu urbain.

Le plan de match préliminaire que nous présenterons au Forum socioéconomique des Premières Nations se résume aux éléments suivants :

• Nous assumerons avec plus d'efficacité ce qui relève de nos responsabilités en matière d'éducation populaire ; le soutien et le partenariat sont bienvenus.

• Les Premières Nations doivent faire partie intégrante de tout processus de consultation précédant l'élaboration d'un projet de loi, de réglementation, de politique et de programme les affectant et les résultats de ces consultations doivent être pris en compte selon un processus convenu.

• Des fonds régionaux de développement économique doivent immédiatement être créés aux fins de partenariats entre Autochtones et Québécois ; ces fonds doivent être distincts du Fonds de développement pour les Autochtones (FDA) existant, qui doit être reconduit pour les Premières Nations.

• Dans une approche d'autonomie gouvernementale, les ministères provinciaux et fédéraux doivent développer, en concertation totale avec les organismes autochtones concernés, des programmes de partenariat favorisant l'amélioration des capacités de gestion des Premières Nations.

• Les gouvernements doivent avoir le courage de financer sans autre délai et en concertation les besoins de rattrapage en matière d'infrastructures et de formation pour nos communautés.

• Des stratégies locales de lutte contre la pauvreté et l'exclusion sociale dans les communautés et les milieux urbains doivent être définies conjointement avec les organismes autochtones compétents et mises en application avec l'aide de l'État dans une approche de renforcement des capacités.

• Aux fins de l'obtention des données nécessaires à la gestion de la situation, il est important qu'un institut de recherche et de statistique des Premières Nations soit créé.

• Dans tous les dossiers, les organismes autochtones doivent disposer des outils nécessaires à la prise en charge des solutions avancées, soit les compétences et l'autorité nécessaires dans le contrôle des règles du jeu, l'accès au financement nécessaire par voie de péréquation ou autrement, la participation aux décisions, l'accès aux savoirs et aux savoir-faire et la disposition des infrastructures pertinentes.

Il est maintenant temps de faire place aux quatre thèmes du Forum socioéconomique des Premières Nations : l'économie et l'emploi, la santé et les services sociaux, la culture et l'éducation, les infrastructures et le développement communautaire. Le forum n'a pas pour objectif la gestion des attentes des Premières Nations mais bel et bien le démarrage concret de notre développement. Il s'agit d'un départ en première vitesse, et nous aurons besoin de nous revoir pour les changements de vitesse ultérieurs.

Nous sommes peut-être dans la salle d'urgence de première ligne, mais nous voulons vivre une vie normale et de qualité à long terme.

Que le Créateur inspire nos travaux pour qu'ils produisent pour nous tous les fruits qui nourrissent les espoirs de nos peuples.

Chapitre 4

Reconnaître
les Premières Nations

Discours présenté à l'occasion du Congrès de la Confédération des syndicats nationaux, à Québec, le 12 mai 2008.

[Salutations et introduction en langue innue, sans interprétation.]

Nos peuples ont une longue tradition d'hospitalité et de respect ; plusieurs d'entre nous croient maintenant que cette grande hospitalité ne nous a pas vraiment rendu service ! Ce respect et cette hospitalité demandent maintenant que je m'adonne à un accommodement raisonnable pour ceux et celles d'entre vous qui ne parlent ni ne comprennent la langue innue. Je vais donc poursuivre dans votre langue : le français !

Puisque la ville de Québec célèbre quatre cents ans d'histoire, il est sans doute tout à fait approprié de retourner en arrière et de jeter un regard sur nos relations des quatre derniers siècles. (D'ailleurs, j'ai récemment cosigné un ouvrage qui porte sur ces relations[1].) On y retrouve une histoire dont on parle peu souvent, et qui, pourtant, mérite d'être connue.

Une histoire merveilleuse précède la fondation de la ville de Québec ; c'est de cette histoire, notre histoire, dont on parle peu. On parle beaucoup des revendications territoriales, de la crise d'Oka, des incidents de Listuguj, et même, ces jours-ci, les médias font la manchette avec la vente de cigarettes à Kahnawake ou encore, plus cocasse, ils nous présentent le lionceau Boomer de Kitigan Zibi qui a réussi à s'échapper ! Les médias traitent peu cependant des questions importantes qui nous concernent.

Vous m'avez invité pour vous parler franchement, j'imagine... Permettez-moi alors d'être franc. Il est, encore aujourd'hui, nécessaire de rappeler qui nous sommes.

Dans mon cas, je suis innu. Je suis descendant d'un peuple qui vit sur ce territoire depuis des milliers d'années. Quand Samuel de Champlain a érigé un village sur ce qui deviendra Québec, c'est grâce à la permission et à l'appui du peuple innu qui contrôlait alors ce territoire et l'accès au fleuve.

Ce fait est incontestable : plusieurs nations vivaient en Amérique bien longtemps avant les grandes expéditions de Christophe Colomb ou de Jacques Cartier. Leurs origines remontent à quatre mille ans ou à plus de six mille ans, pour certaines. Je ne tiens pas à soulever ici de polémique pour quelques milliers d'années... Ces nations étaient dispersées en plusieurs centaines de tribus, occupant tout le territoire habitable de ce qui va devenir le Canada. Chaque nation était indépendante et possédait ses propres coutumes, rituels et

---

1. Denis Bouchard, Éric Cardinal et Ghislain Picard, *De Kebec à Québec. Cinq siècles d'échange entre nous,* Montréal, Les Intouchables, 2008.

traditions. Elles entretenaient aussi des relations les unes avec les autres.

Ce sont ces premiers peuples, occupant ce territoire depuis plusieurs milliers d'années avant l'arrivée de Jacques Cartier, qui ont permis l'établissement de la colonie de la Nouvelle-France ; ils ont été un facteur déterminant dans la création et la construction de ce que l'on appelle aujourd'hui le Canada.

Kebec, le nom de la province qui désigne maintenant toute une nation, est un emprunt à la langue algonquienne : selon son interprétation la plus reconnue, il signifierait « là où la rivière se rétrécit ». L'alliance historique entre nos peuples a été si déterminante que vous, une nation immigrante, avez intégré dans votre vocabulaire plusieurs mots et toponymes issus de nos langues et qui sont de nos jours au cœur de votre identité. Aujourd'hui, c'est moi qui dois emprunter la langue française pour vous parler. À l'époque de la Nouvelle-France, ce sont les Français qui apprenaient les langues autochtones et qui utilisaient des interprètes pour communiquer dans la langue des premiers habitants. Les choses ont bien changé…

On sait que les Français reconnaissaient l'indépendance des nations autochtones. Au début de la Nouvelle-France, il n'était pas question de tenter d'imposer les lois françaises aux Autochtones. Les Premières Nations étaient souveraines.

Cette souveraineté a été confirmée par divers traités et, en 1763, par la Proclamation royale qui est, aujourd'hui encore, un document à valeur constitutionnelle ; cette souveraineté a donc survécu aux époques.

Il est vrai que les sociétés autochtones ne sont plus ce qu'elles étaient, conséquence d'une politique d'assimilation qui a débuté sous le Régime britannique. Pendant de nombreuses années, tous les moyens étaient bons pour assimiler les Indiens : création des réserves, établissement des pensionnats et interdiction de parler nos langues, imposition d'une loi coloniale qui avait pour objectif de faire disparaître toute trace des Autochtones au Canada. Cette loi est toujours en vigueur et elle demeure encore un obstacle majeur à notre développement.

Il n'y a pas eu que des politiques visant notre assimilation ; je pourrais aussi vous parler d'une histoire du Canada encore plus sombre. Des gouvernements souhaitaient l'extermination pure et simple de nos peuples. Peu de gens savent, par exemple, qu'une loi de la Nouvelle-Écosse prévoyait des récompenses pour quiconque rapportait des scalps d'Indiens. Je pourrais aussi vous parler du général Amherst qui a offert à plusieurs groupes autochtones, lors d'un échange de cadeaux, des couvertures infestées du virus de la varicelle. Il s'agit sans doute du premier cas rapporté de guerre bactériologique. La chasse aux Sauvages combinée avec cette guerre ont eu un effet catastrophique sur nos populations, décimant, en quelques années seulement, jusqu'à 90 % de la population de certaines nations (les Micmacs, entre autres).

Cet héritage a eu des conséquences dramatiques pour nos peuples qui vivent encore les séquelles de ces tristes épisodes de leur histoire. Le résultat le plus évident aujourd'hui est sans doute cette violence, sous toutes ses formes, que s'infligent nos sociétés et qui est souvent, avouons-le, la source de nombreux préjugés envers nos communautés. Autant d'obstacles qui rendent difficiles le rapprochement et la coopération.

Mais nous sommes toujours ici. Nos peuples continuent d'exister. Et nous continuons de réclamer la reconnaissance de ce que nous sommes et une réparation pour les torts qui nous ont été causés. Surtout, nous réclamons le retour à un statut autonome et à l'accès aux territoires et aux ressources. Ces revendications sont, hélas, souvent très mal comprises.

Pendant de nombreuses années, les échanges se limitaient à des pourparlers entre les gouvernements et les Premières Nations du Canada et du Québec. Informer la population en général a souvent été négligé.

Face à des gouvernements qui, malgré les beaux discours, tiennent à gagner du temps en maintenant le statu quo, nous avons décidé de nous tourner vers la société civile. Vous l'avez constaté, depuis le Forum socioéconomique des Premières Nations qui a eu lieu en 2006 à Mashteuiatsh, nous avons multiplié les activités de sensibilisation, les rencontres d'échanges et la conclusion d'alliances. Ma présence ici est une conséquence directe de cette stratégie qui, nous le pensons, sera plus efficace et nous permettra d'attaquer de front des enjeux considérables.

Vous le savez, le Québec et le Canada forment une société riche qui aime se dire progressiste. Comment alors expliquer l'état tiers-mondiste de nombreuses communautés autochtones ?

Selon l'indice du développement humain des Nations Unies, le Canada se classe 6e, mais chuté au 68e rang lorsqu'on considère la situation sociale et économique des peuples autochtones.

Peut-être pensez-vous que l'avenir est prometteur, que les choses avancent ? Ce n'est pas le cas. Dans certains secteurs il y a progrès, dans d'autres la situation se détériore. Chose certaine, nos défis sont colossaux :
• Les écoles des Premières Nations reçoivent deux fois moins de financement que les écoles provinciales comparables.
• Les Premières Nations ont huit fois plus d'enfants placés à l'extérieur de leur foyer que les Québécois et le rapport de la vérificatrice générale du Canada, la semaine dernière, confirme que nous sommes encore loin des solutions.
• La situation du logement est dramatique. Sur un parc immobilier de 12 000 unités, 5 000 présentent des besoins urgents de réparation et 1 800 doivent être décontaminées,

ce qui représente plus de 50 % des logements qui nécessitent une intervention urgente. À cela, il faut ajouter un besoin immédiat de 8 800 nouvelles habitations pour faire face à la croissance démographique, ce qui représente une augmentation nécessaire d'environ 75 %. Les besoins sont donc gigantesques. Pourtant, les ressources ne sont pas là. Le gouvernement fédéral, qui est responsable de cette crise, refuse d'investir adéquatement dans le logement des Premières Nations, ce qui lui a d'ailleurs valu des reproches sur la scène internationale. Miloon Kothari, rapporteur spécial des Nations Unies sur le droit au logement convenable, au terme de sa mission d'observation dans les communautés autochtones en 2007, a déclaré que « dans un pays riche comme le Canada, il est grand temps que le gouvernement canadien investisse massivement dans le logement pour mettre un terme à la crise qui perdure ».

• La situation dans le domaine de l'emploi n'est pas plus reluisante. Seulement une personne sur deux en âge de travailler occupe un emploi. Pour atteindre la parité avec le Québec, nous devrons augmenter le nombre de travailleurs de plus de 36 % en dix ans.

• Au Forum socioéconomique de Mashteuiatsh, j'ai lancé la « Mission 10 000 possibilités », c'est-à-dire créer 10 000 emplois sur dix ans, construire 10 000 nouveaux logements et diplômer 10 000 nouveaux étudiants.

Les défis sont donc très importants et le temps presse. Pour la très grande majorité de nos jeunes, les perspectives sont très limitées. Pourtant, il y a de la place pour les Premières Nations sur le marché du travail. Selon les prévisions à long terme d'Emploi Québec, le Québec aura à combler, d'ici 2016, 1,3 million de postes. De nombreuses régions et des industries entières sont déjà en manque de main-d'œuvre, problème dont la solution pourrait bien se trouver en partie dans nos communautés.

Mais pour cela, il faut des politiques cohérentes pour soutenir les jeunes : d'abord un soutien dans leur démarche scolaire ; ensuite, un accompagnement adéquat dans les formations professionnelles ; et, par la suite, une politique d'insertion professionnelle dans laquelle les entreprises et la société civile accepteront de s'investir pour faciliter l'intégration et la rétention en emploi.

Il faudra aussi que les gouvernements arrêtent de se renvoyer la balle. Le Québec nous renvoie à Ottawa en disant qu'il s'agit d'une responsabilité du fédéral, alors que le gouvernement canadien tente de plus en plus de se décharger de ses responsabilités au profit des provinces. Le Québec ne peut pas, d'ailleurs, se cacher derrière la responsabilité du fédéral, puisque bon nombre de ses politiques affectent directement les Premières Nations.

Dans notre démarche visant à trouver notre place dans le débat politique, une chose qui nous apparaissait incontournable était la nécessité de créer des alliances avec la société qui nous côtoie. C'est dans cet esprit que s'inscrit le dialogue entrepris avec votre confédération. Une alliance suppose des engagements comme l'ouverture au dialogue, la compréhension et le respect. C'est en quelque sorte le défi que nous nous donnons aujourd'hui. Je vous dirais très ouvertement — et je parle strictement en mon nom — que mon objectif a toujours été de faire en sorte que la force politique que nous développions pour nous comme premiers peuples devienne également, en quelque sorte, une valeur ajoutée à la société québécoise. Malheureusement, nous sommes, encore aujourd'hui, à l'heure des manifestations contre les gouvernements. Cette situation donne souvent l'impression aux Québécois que nous ne posons pas de gestes productifs. Et pourtant.

Récemment, le gouvernement du Québec annonçait en grande pompe la conclusion d'un Pacte pour l'emploi. Lors de la journée de l'annonce publique, quelqu'un a demandé au ministre s'il avait inclus les Premières Nations à ce pacte… Réponse : « Oups ! On n'y a pas pensé… » C'est extrêmement frustrant de constater que, une fois de plus, le Québec fait comme si nous n'existions pas alors que, clairement, les Premières Nations représentent une solution possible aux pénuries de main-d'œuvre. D'autant plus que nous sommes présents sur l'ensemble du territoire québécois.

Je pense que la CSN a bien compris cela. Je tiens d'ailleurs à saluer la conclusion récente, entre notre Commission de développement des ressources humaines et la CSN, d'un projet de coopération dans le but de favoriser l'intégration de travailleurs issus des Premières Nations dans les entreprises qui se situent hors des réserves. Le projet commencera par des projets-pilotes en Abitibi-Témiscamingue et sur la Côte-Nord. Ces projets seront soutenus par nos comités régionaux d'insertion en emploi, auxquels seront associés les comités sectoriels de main-d'œuvre et la Commission des partenaires du marché du travail autochtone.

Pour nous, ce geste est un pas dans la bonne direction ; il témoigne de notre volonté de prendre notre place et d'assumer nos responsabilités.

Nous voulons en finir avec ce système colonial qui persiste toujours cinq cents ans après le premier contact. Les Premières Nations, qui n'ont jamais cédé leurs droits, autant sur leurs assises territoriales que sur l'accès aux ressources, reprennent graduellement le contrôle de leur destinée. Malgré l'opposition des gouvernements et les objections d'une partie de la population, les Premières Nations travaillent présentement à mettre en œuvre leur autonomie.

Est-il nécessaire de rappeler que les Premières Nations du Québec forment des nations tout aussi distinctes que la nation québécoise, et qu'elles sont reconnues par l'Assemblée nationale du Québec depuis 1985 ? Elles ont également des droits reconnus et protégés par la constitution canadienne ainsi que par plusieurs instruments de droit international.

À ce sujet, permettez-moi de prendre quelques instants pour vous parler du plus récent de ces instruments, la Déclaration internationale des Nations Unies sur les droits des peuples autochtones, adoptée le 13 septembre 2007 par l'Assemblée générale de l'ONU.

Cette déclaration a été appuyée massivement par 143 pays. Seuls quatre États ont voté contre, dont le Canada. Néanmoins, je veux ici saluer l'adoption récente par le Parlement canadien d'une motion appuyant la Déclaration, malgré l'opposition des députés conservateurs. La reconnaissance de la Déclaration par la Chambre des communes atteste la légitimité et la pertinence de cet instrument dans le système juridique canadien. On attend un geste semblable de l'Assemblée nationale. Depuis plus d'un an, nous demandons aux députés québécois de prendre position et d'adopter une motion d'appui. Pour l'instant, c'est le silence total et aucune explication.

Ailleurs, plusieurs gouvernements provinciaux et régionaux ont commencé à manifester leur appui. Même aux États-Unis, certains États manifestent leur appui à la Déclaration. Récemment, la législature du Maine a adopté une résolution en ce sens. Pourquoi pas le Québec, qui pourtant se « pète les bretelles » d'être le premier à avoir reconnu officiellement les Premières Nations en 1985, et qui se vante partout dans le monde d'avoir conclu la Paix des Braves ?

La CSN pourrait peut-être également poser un tel geste de reconnaissance...

En conclusion, je veux vous remercier d'avoir porté attention aux questions qui nous préoccupent. Je considère cela comme un privilège immense, et je veux particulièrement souligner la contribution, à cet égard, de Mme Claudette Carbonneau. Les batailles ne deviennent des victoires que si nous acceptons de les engager. Notre présence aujourd'hui, devant vos instances décisionnelles, confirme donc notre engagement.

Merci, et bon congrès !

Chapitre 5

Qu'est-ce que ça prendra?

Ce texte est paru dans Le Devoir *du 1er octobre 2008, à l'occasion de la campagne électorale fédérale qui s'est soldée par la réélection d'un gouvernement conservateur minoritaire.*

Qu'est-ce que ça prendra pour que l'on réalise que les Premières Nations existent et qu'elles ont des intérêts dans cette campagne électorale ?

La plupart des analystes, faiseurs d'opinion et éditorialistes s'écoutent parler de la présente campagne électorale fédérale et se demandent quand le débat va prendre du mordant dans cette lutte dont l'issue est facilement prévisible. Pourtant, des sujets de débat, il en existe au-delà de ceux qui font la une des quotidiens ! Notamment, il y a les questions qui intéressent les Premières Nations, mais qui ne semblent intéresser personne d'autre, pas même les grands médias nationaux.

Si on cherche une explication au peu d'intérêt que suscite la présente campagne dans nos communautés, elle se trouve dans le peu d'attention, voire l'indifférence, que portent les politiciens aux questions qui nous préoccupent.

Une vingtaine d'années en politique me permettent de

confirmer avoir entendu des premiers ministres et des ministres ayant tous affirmé que la situation des peuples autochtones au Canada était un enjeu incontournable pour tout parti politique qui aspire à diriger le pays. Le Canada, est-il nécessaire de le rappeler, se classe dans les 10 premiers pays selon l'indice du développement humain, mais chute très loin, quelque part autour de la 70e position, lorsque l'on inclut la situation sociale et économique des peuples autochtones.

Nous ne nous sommes jamais fait d'illusions sur le poids démographique et politique que nous représentons pour toute campagne électorale, fédérale ou provinciale. L'issue d'une élection ne s'est jamais décidée sur la position des partis en matière autochtone. C'est sans doute ce qui explique, en partie, la profonde indifférence de nos communautés envers un processus électoral qui fait fi de notre réalité.

Une forte proportion de la population des Premières Nations ne se rendra donc pas aux urnes le 14 octobre prochain. Pour une bonne partie de celle-ci, plus ça change, plus c'est pareil. D'autres motifs expliquent également cette tendance. Au Québec, notamment, cette attitude s'explique par la non-affiliation à un système qui n'a aucun lien avec nos propres structures, attitude renforcée par une poussée nationaliste autochtone plus prononcée que ce qui peut exister ailleurs au pays.

Des analystes de la scène politique feront valoir qu'on ne peut espérer améliorer notre situation en restant en marge du processus électoral. À cet égard, il faut le souligner, la position de la majorité des chefs à l'endroit des membres de leur communauté est de laisser le libre choix, donc de ne pas encourager ni décourager l'exercice du droit de vote de la population autochtone.

D'autres faits s'ajoutent à ce constat, par exemple le fait que les membres des Premières Nations n'ont obtenu le droit de vote qu'en 1960. En 1968, la Chambre des communes accueillait son premier député autochtone. On se serait attendu à ce qu'une pareille révolution dans la démocratie canadienne empêche le dépôt du Livre blanc de Jean Chrétien en 1969, qui proposait littéralement l'assimilation de l'Indien.

Par ailleurs, quoi qu'il arrive et qu'importe la décision que prendront les membres de nos communautés, il existe pour tout parti qui aspire à gouverner le Canada une obligation incontournable, historique, politique, juridique et constitutionnelle envers nos peuples. C'est cette évidence qui fait défaut dans la présente campagne électorale, et c'est cette négation qu'entretiennent tous ceux qui y jouent un rôle, depuis le chef de parti qui juge que notre situation n'est pas un gage de capital politique jusqu'aux journalistes qui ne réagissent qu'aux coups d'éclat.

Il y a quand même dans tout cela une certitude indéniable. Au lendemain du vote, la question autochtone demeurera entière, comme le sera l'exaspération de nos chefs devant l'indifférence du processus politique à l'endroit des questions qui occupent notre quotidien. Les crises épisodiques qui ont marqué l'histoire récente, les directives de la Cour suprême, les conclusions de la Commission royale sur les peuples autochtones, et j'en passe, n'auront pas empêché le déni flagrant de cette injustice sociale par les gouvernements qui se sont succédé. Est-il donc à ce point injustifié de se poser la question suivante : « Qu'est-ce que ça prend pour faire bouger les choses ? »

Des leaders autochtones ont déjà fait allusion au fait que les plus jeunes générations pourraient sans doute favoriser la confrontation plutôt que la négociation. Est-ce que les élus canadiens d'aujourd'hui attendent une autre crise ou s'illusionnent-ils en croyant que c'est quelque chose d'impensable dans un pays comme le Canada ?

L'avenir des Premières Nations dans la confédération canadienne représente assurément l'un des principaux défis qui attendent le prochain gouvernement canadien. Les Premières Nations du Québec sont résolument engagées dans la reconquête de leur souveraineté et l'exercice de leur pleine autonomie. En l'absence de reconnaissance de cette réalité, nous n'avons d'autre choix que de repenser en profondeur notre relation avec le gouvernement fédéral et nous devrons évaluer les options qui s'offrent à nous.

Annexe 1

Clés pour la politique amérindienne

par Pierre Trudel

Les entretiens présentés dans ce livre font référence à des textes et à des événements pouvant nécessiter des éclaircissements. Revenons donc sur la fameuse Loi sur les Indiens et quelques autres éléments contextuels plus contemporains.

La Loi sur les Indiens

Le Canada a transformé le mode de gouvernance des sociétés autochtones en obligeant celles-ci à s'administrer au moyen de la Loi sur les Indiens. Il s'agit d'un élément déterminant pour comprendre le contexte politique dans lequel se retrouvent toujours une bonne partie des Premières Nations.

En 1876, à l'époque de sa poussée colonisatrice vers l'Ouest, le Canada adopte l'« Acte des sauvages », qui deviendra la Loi sur les Indiens. La loi de 1876 donne une portée nationale à une politique d'assimilation et d'intégration des peuples autochtones qui s'est développée graduellement au cours du XIXe siècle à l'opposé des politiques antérieures, qui leur reconnaissaient le statut de nations et d'alliés. Ce rapport de nation à nation s'était exprimé notamment lors de la Grande Paix de Montréal de 1701, de la Proclamation royale de 1763, ou encore à l'occasion des nombreux traités de paix et d'alliance qui ont caractérisé, jusqu'au début du XIXe siècle, la relation entre colonisateurs européens et Autochtones.

La Loi sur les Indiens traite principalement de trois questions : les réserves, les conseils de bande et le statut d'Indien inscrit. À l'origine, elle vise à répondre aux problèmes posés par la situation de plus en plus difficile causée par l'arrivée de colons sur les terres amérindiennes. Il est question dans cette loi de protéger les Autochtones contre la vente d'alcool, de leur réserver une portion de territoire et de les exempter, dès cette époque, de taxes et d'impôts. Sous l'autorité du ministre responsable, un conseil de bande élu a le pouvoir d'adopter certains règlements. Il s'agit en quelque sorte d'une politique de développement séparé afin de leur assurer une certaine protection et de permettre une transition vers ce que l'on conçoit à l'époque comme la civilisation. La loi donne la possibilité à un « Sauvage » de « s'émanciper » en acquérant la pleine citoyenneté canadienne, tout en abandonnant le statut d'Indien inscrit ; notons que peu se prévalent de cette disposition (elle est retirée dans les années 1980). Par contre, pendant plus de cent ans, jusqu'en 1985, à cause de cette loi, des femmes perdent leur statut en épousant un non-inscrit.

Le suffrage universel est imposé, bien souvent contre l'avis de la majorité de la population qui tient à la tradition du consensus entre les représentants des clans ou des grandes familles amérindiennes. Dès cette époque, des traditionalistes s'opposent à ce système politique, et certains le font encore. C'est d'ailleurs cette opposition politique qui, au cours du XXe siècle, a poussé le gouvernement à adopter des amendements à la loi pour mieux contrôler les collectivités autochtones. Dans son sens large, le traditionalisme désigne une philosophie de vie plus près des cultures traditionnelles autochtones. Dans son sens étroit, il inspire des groupes politiques qui s'opposent aux conseils de bande instaurés par la Loi sur les Indiens. À leurs yeux, les conseils de bande sont des entités coloniales sous le contrôle de l'État canadien. De nos jours, la distinction est cependant arbitraire puisque, parfois, des traditionalistes en sont venus à se présenter aux élections des conseils de bande et que certains de ces conseils de bande ont annoncé, à l'instar de celui de Kahnawake, leur désir de retourner à un gouvernement traditionnel.

Contrairement à la volonté exprimée au départ, l'État canadien n'a pas protégé les terres de propriété fédérale réservées à l'usage des Indiens puisque, selon la Commission royale sur les peuples autochtones, environ 60 % de ces terres ne sont plus aujourd'hui des terres de réserves et sont passées entre les mains de non-Autochtones. Depuis les années 1970, le Bureau des revendications particulières traite de ces litiges territoriaux qui touchent la presque totalité des 600 bandes indiennes au Canada. Il reste environ 800 dossiers à régler au moyen de compensations monétaires ou territoriales, selon la politique actuelle du gouvernement fédéral. Notons qu'un autre type de négociation territoriale concerne de vastes superficies de terres, en dehors des réserves, et qui n'ont jamais fait l'objet de traités. Il s'agit des revendications dites globales. Au Québec comme en Colombie-Britannique, plusieurs nations autochtones se trouvent dans cette situation car elles n'ont jamais signé de traité.

Depuis 1876, et pendant la majeure partie du règne du ministère des Affaires indiennes au Canada, des fonctionnaires fédéraux non autochtones ont administré la Loi sur les Indiens. Il est reconnu que leur pouvoir était démesuré et qu'il s'exerçait aux dépens des autorités élues ou traditionnelles de la communauté. Les agents des Affaires indiennes travaillaient souvent dans des régions éloignées; en plus du fait qu'ils détenaient beaucoup de pouvoir, peu de regards extérieurs évaluaient leur administration ou dénonçaient les abus auxquels ils se livraient. La Commission royale sur les peuples autochtones a estimé que plusieurs d'entre eux ont clairement manifesté, dans leurs rapports écrits aux ministères, des préjugés selon lesquels les Autochtones étaient primitifs et en voie de disparition. D'autres, au contraire, se sont opposés à ces préjugés et ont dénoncé les politiques du gouvernement qu'ils jugeaient ethnocentriques ou oppressives. Les pouvoirs des agents du Ministère ont été accrus afin de contrer la montée du nationalisme autochtone, nationalisme alimenté, entre autres, par le retour des anciens militaires amérindiens. Des bandes indiennes de l'Ontario ont demandé dans les années 1960 le retrait des agents des Affaires indiennes, ce qui a finalement mené à l'abolition de ce poste.

De nos jours, la Loi sur les Indiens a été amendée afin d'en retirer les dispositions les plus discriminatoires et contraires aux droits humains fondamentaux. Malgré son caractère colonialiste, pour plusieurs Amérindiens, la loi a favorisé le maintien de leur statut distinct et de leur identité. Le ministère des Affaires indiennes et du Nord est toujours responsable de la mise en œuvre de cette législation fédérale; les conseils de bande ont acquis avec le temps de plus larges responsabilités.

La Loi sur les Indiens établit les modalités de l'élection d'un chef et de ses conseillers au suffrage universel. Depuis 1951, une disposition de la loi autorise cependant le choix d'un chef ou de son conseil suivant « la coutume », donc par un mode de désignation autre que le suffrage universel. Les pouvoirs du conseil de bande sont définis aux articles 81 et 83 de la loi. Ils concernent trente et un domaines dans lesquels il peut y avoir adoption de règlements. Ces domaines touchent, par exemple, la santé, la circulation des véhicules, les animaux domestiques, l'entretien des routes, les règlements de construction, l'arpentage, la réglementation sur les jeux et les sports, l'imposition de taxes, les permis et licences aux entreprises, la nomination de fonctionnaires. Parmi les Autochtones, les opinions diffèrent actuellement quant au caractère colonial ou contraignant de cette loi. « Le gouverneur en conseil », c'est-à-dire le ministère des Affaires indiennes, détient manifestement de grands pouvoirs qui affectent la capacité des Premières Nations à exercer leur droit à l'autodétermination. D'autres pensent au contraire que, par défaut, en quelque sorte, elles peuvent s'autodéterminer dans le cadre de cette loi. Selon le spécialiste Neil J. Sterritt, « la Loi sur les Indiens est muette en ce qui a trait à de nombreuses relations de gouvernance du conseil. C'est pourquoi certains dirigeants [autochtones] considèrent la Loi sur les Indiens comme une bénédiction, puisque son silence leur permet d'adapter leur mode de gouvernance à leur culture et à leurs traditions. L'absence de précision permet également aux dirigeants de définir leur charte ou leur constitution sans les contraintes juridiques imposées par la Loi sur les Indiens[1]. »

En 2002, lors de la présentation du projet de loi C-7, le gouvernement canadien a admis qu'il détenait trop d'autorité politique aux dépens des conseils de bande, et que ceux-ci avaient plus de comptes à rendre au Ministère qu'à leur propre population. Le projet de loi, intitulé Loi concernant le choix des dirigeants, le gouvernement et l'obligation de rendre compte des bandes indiennes, ou encore Loi sur la gouvernance des Premières Nations, visait à modifier la Loi sur les

---

1. Cité dans le *Guide sur la gouvernance des Premières Nations. Une source d'informations pour rehausser l'efficacité des conseils*, Ottawa, Affaires indiennes et du Nord canadien, 2003, p. 11.

Indiens. Il a été présenté par le gouvernement libéral de Jean Chrétien au cours de la session parlementaire 2002-2003 à la Chambre des communes. Il a cependant été retiré à cause de l'opposition de l'Assemblée des Premières Nations du Canada.

Jean Chrétien a commencé sa carrière politique comme ministre des Affaires indiennes (1968-1974) en présentant un énoncé de politique nationale, nommé depuis *Livre blanc*, qui avait pour but d'abolir la Loi sur les Indiens ainsi que le statut politique et juridique particulier des Autochtones au Canada. Plus de trente ans après, en tant que premier ministre cette fois-ci, il tentait à nouveau de modifier de façon substantielle la Loi sur les Indiens. Et il n'y est pas parvenu puisque son successeur, Paul Martin, s'est rendu aux arguments de l'Assemblée des Premières Nations, qui s'opposait au projet de loi C-7. La loi voulait obliger les bandes à se doter de modes de fonctionnement plus démocratiques et de règles d'imputabilité plus strictes. Une période transitoire de deux ans était prévue. Une fois passée cette échéance, le ministre allait imposer des codes de gouvernance aux bandes qui n'en auraient pas encore adopté. C'est sur ce point particulier que la négociation achoppait : une proportion importante des chefs de bande prévoyaient déjà qu'ils se feraient imposer de nouvelles règles, entre autres parce que l'échéance était trop courte pour élaborer leurs règles de gouvernance et les rendre légitimes aux yeux de leurs populations. Malgré le retrait du projet de loi C-7, il semble que plusieurs bandes ont adopté, ou sont sur le point d'adopter, des modes de fonctionnement qui rejoignent ce que proposait (et aurait imposé, pour la grande majorité des bandes) cette loi. Il semble que la majorité des Amérindiens souhaitent le remplacement de la Loi sur les Indiens par des lois modernes plus respectueuses de leur statut de peuples, mais à l'instar d'autres questions constitutionnelles, une entente n'est pas intervenue entre les parties à cet égard.

Les Inuits et les Métis ne relèvent pas de la Loi sur les

Indiens et celle-ci n'a d'effet que sur les Indiens inscrits vivant dans les réserves. Notons cependant que certaines nations amérindiennes ne relèvent plus de la Loi sur les Indiens parce qu'elles ont ratifié des traités modernes ou des ententes locales d'autonomie politique. D'autres nations ne relèvent plus que partiellement de cette loi parce qu'elles se sont prévalues de nouvelles lois fédérales modifiant les règles de la Loi sur les Indiens en matière de propriété des terres de réserves et de développement économique.

Quatre-vingt-dix-neuf ans après l'adoption de la Loi sur les Indiens, c'est au Québec, en 1975, que pour la première fois une nation amérindienne a pris ses distances vis-à-vis de la tradition coloniale canadienne, en se retirant de la Loi sur les Indiens. Il s'agit de la nation crie, qui a signé un traité moderne, la Convention de la Baie James et du Nord québécois. La politique actuelle de ratification de traités modernes constitue une des voies offertes aux Premières Nations pour « se sortir » de la Loi sur les Indiens.

La Convention de la Baie James et du Nord québécois (1975)

La Convention est un traité moderne qui touche les deux tiers du territoire du Québec. Il s'agit d'une entente hors cour. Les Cris et les Inuits en sont signataires, tout comme le Canada, le Québec, Hydro-Québec, la Société de développement de la Baie-James et la Société d'énergie de la Baie James. Les Autochtones s'opposaient en 1970 à l'un des plus imposants projets hydro-électriques au monde, le projet La Grande. Plusieurs d'entre eux s'opposeront aussi à la Convention de la Baie James, tel Ghislain Picard, qui étudiait à l'époque au collège Manitou, comme il le dit dans les entretiens présentés dans ce livre.

Ce traité a donné l'occasion au Canada de mettre en œuvre les grandes lignes de sa nouvelle politique en matière de revendications territoriales dites globales, soit les revendications concernant les Amérindiens qui n'ont jamais signé de traité. Ses quelque 700 pages réparties en une trentaine de chapitres illustrent combien la Convention se distingue des traités dits numérotés composés de quelques pages dans lesquelles les gouvernements s'engagent à donner chaque année quelques dollars aux Autochtones en échange de leurs terres, tout en réservant un territoire à leur usage, territoire qui demeurait propriété fédérale.

La Convention contient la même disposition relative à la cession et l'abandon à tout jamais de tous leurs droits et intérêts. Les autres dispositions concernent l'établissement de droits territoriaux et d'exploitation de la faune sur trois catégories de terres, et instaurent un régime d'indemnisation monétaire, un régime de protection de l'environnement, un régime de revenu garanti pour les chasseurs cris et inuits, ainsi que l'établissement d'une administration régionale, dont des institutions scolaires et policières qui relèvent désormais de la compétence du Québec. Malgré que le langage juridique employé dans ce traité renvoie à l'histoire coloniale du Canada, les Cris ont acquis une plus grande capacité de se gouverner, tout en augmentant leur niveau de vie. Et la Paix des Braves, qui a récemment amendé la Convention de la Baie James, a renforcé cette capacité à s'autogouverner.

La Paix des Braves (2002)

Son vrai nom est l'« Entente concernant une nouvelle relation entre le gouvernement du Québec et les Cris ». Elle a été ratifiée le 7 février 2002 par le premier ministre du Québec, Bernard Landry, et le grand chef du Grand Conseil des Cris du Québec, Ted Moses. L'expression retenue pour désigner l'entente illustre le fait qu'elle met un terme à vingt-cinq années de relations conflictuelles entre le Québec et les Cris à propos du développement hydro-électrique de la région, de la foresterie et du projet de souveraineté du Québec. Il s'agit d'abord, encore une fois, d'une entente hors cour à caractère économique. Deux litiges opposaient plus particulièrement les Cris et le Québec. Premièrement, les Cris demandaient une indemnisation de 3 milliards de dollars parce que le régime forestier du Québec n'avait pas été soumis au régime d'évaluation des impacts environnementaux prévu à la Convention de la Baie James et du Nord québécois de 1975, et qu'il était illégal parce qu'il avait dérogé grandement à la disposition de la Convention protégeant le mode de vie des Cris. Avec le temps, le développement de la foresterie dans cette région avait autant d'impacts environnementaux négatifs que les barrages hydro-électriques à l'origine de la Convention. Deuxièmement, les Cris poursuivaient le Québec en cour parce que le chapitre 28 de la Convention relatif au développement économique et communautaire n'avait jamais été mis en œuvre depuis la ratification de l'entente en 1975. Pour les mêmes raisons, le gouvernement fédéral faisait aussi l'objet d'une action en justice, ce qui mena à une autre « Paix des Braves », annoncée le 16 juillet 2007.

Pour les représentants cris, ces « Paix des Braves » qui amendent la Convention de la Baie James et du Nord québécois permettent de placer désormais leurs énergies dans le développement de l'emploi pour les jeunes plutôt que dans l'opposition politique et les poursuites judiciaires. Le Québec clarifie sa compétence politique, tout en impliquant les Cris dans le développement du territoire. Les Cris se sont engagés à ne pas s'opposer au développement hydro-électrique de la rivière Rupert si les études environnementales évaluent positivement le projet. Pendant cinquante ans, une Société de développement crie recevra environ 4,5 milliards de dollars, dont une partie substantielle proviendra directement de l'exploitation des ressources du territoire. (Cette disposition semble contraire à la disposition de la Convention de la Baie James de 1975 selon laquelle les Cris cédaient à tout jamais tous leurs droits sur le territoire.) Sur le plan politique, il s'agit d'une entente « de nation à nation » qui transfère des obligations et responsabilités du gouvernement du Québec à la Société de développement crie, qui possède désormais le pouvoir de décider de quelle façon seront investies les sommes d'argent découlant de la Paix des Braves.

C'est plus particulièrement dans le cadre de la « Paix des Braves » fédérale que les Cris trouveront l'occasion de rehausser formellement le niveau de leur pouvoir politique, puisqu'ils négocieront des modifications aux dispositions de la Convention de 1975 quant à l'administration régionale afin de centraliser les instances administratives actuelles et de les transformer en gouvernement régional.

La crise d'Oka (1990)

Si c'est au Québec que s'est réalisée pour la première fois, en 1975, une entente mettant en œuvre la nouvelle politique fédérale sur les revendications territoriales globales, c'est aussi au Québec que s'est produit le contraire d'une entente politique, qui a profondément influencé le cours de l'histoire politique récente. Rappelons brièvement ce qu'a été la crise d'Oka.

Dans les années 1980, le gouvernement fédéral rejeta les revendications territoriales formulées par le conseil de bande de Kanesatake, communauté mohawk située au nord-ouest de Montréal. Il admit cependant l'existence d'une « injustice historique » à Oka, parce que la communauté n'avait jamais bénéficié d'une réserve, au contraire des autres bandes indiennes au Canada. Le gouvernement a alors mis en place un projet d'achat de terres en vue d'agrandir l'assise territoriale morcelée de Kanesatake. Des promoteurs privés et la municipalité d'Oka ont réagi en allant de l'avant avec un projet de développement domiciliaire et l'agrandissement d'un golf sur des terres qui pouvaient faire l'objet du remembrement projeté par le ministère des Affaires indiennes. En mars 1990, des membres de la Société des guerriers prennent le contrôle du mouvement de désobéissance civile qui avait érigé une barricade à Oka en vue de bloquer le projet de développement litigieux. Le matin du 11 juillet 1990, la Sûreté du Québec tente d'intervenir à Oka. Par solidarité, les Guerriers de Kahnawake occupent alors le pont Mercier en y installant des sacs de sable et des mitraillettes. Lorsque la Sûreté du Québec ordonne d'enlever les barricades érigées dans un parc municipal à Oka, la crise s'envenime. Un policier est alors tué. La crise durera soixante-dix-huit jours. Le Conseil mohawk de Kahnawake appuie l'opposition armée des Guerriers. Au cours du mois d'août, l'armée canadienne remplace la Sûreté du Québec, qui est débordée par les événements. Les longues négociations n'aboutissent pas, et l'armée force finalement les derniers Guerriers à sortir de leur camp retranché. Ils sont alors arrêtés et transportés dans un camp militaire. Quelques années plus tard, un jury ne retiendra pas les accusations portées contre eux. Le projet de développement ne s'est pas réalisé. Depuis, plusieurs propriétés et terres ont été achetées par le gouvernement fédéral en vue d'agrandir l'assise territoriale de Kanesatake.

Il ne faut pas confondre cette crise de 1990 avec les événements très médiatisés de janvier 2004 au cours desquels la maison du chef de Kanesatake, James Gabriel, a été incendiée. Cette autre crise, interne cette fois-ci, est en relation avec l'opposition d'une partie de la population à une intervention de forces policières autochtones provenant de l'extérieur de Kanesatake et qui devaient combattre la production et le commerce de la drogue. Certains médias ont plutôt avancé que l'intervention policière, financée par Ottawa, visait à favoriser le maintien en place du grand chef James Gabriel aux dépens de ses adversaires politiques jugés alors trop radicaux. Ghislain Picard, à titre de chef de l'Assemblée des Premières Nations du Québec et du Labrador, jouera un rôle de médiateur entre les parties en conflit à Kanesatake.

La Commission royale sur les peuples autochtones (1991-1996)

Bien qu'elle ait été envisagée dès les années 1980, à l'occasion des débats constitutionnels, c'est dans le contexte de la crise d'Oka de 1990, pendant laquelle la politique se faisait avec des armes, que le gouvernement fédéral a institué une commission royale pour trouver une solution politique au « problème indien » qu'il n'arrivait plus à résoudre. La Commission royale sur les peuples autochtones a siégé entre le mois d'août 1991 et l'automne 1996. Elle a proposé de sortir de l'impasse politique causée par plus de cent ans de règne de la Loi sur les Indiens en instaurant un troisième ordre de gouvernement au Canada qui permettrait aux peuples autochtones d'acquérir une véritable autonomie politique.

Les audiences ont duré 178 jours et 96 communautés ont été visitées. Il s'agit de la plus importante commission d'enquête de l'histoire du pays. Pour la première fois, une commission royale portant sur les Autochtones était contrôlée par des Autochtones. L'un des coprésidents était Georges Erasmus, un ancien chef de l'Assemblée des Premières Nations du Canada ; l'autre était le juge québécois René Dussault. Les commissaires étaient en majorité autochtones. Le mandat de la Commission, en seize points, couvrait un vaste domaine axé sur l'étude de la situation actuelle, ainsi que sur les relations historiques et futures de l'État canadien avec les Autochtones. Trois cent cinquante-six recherches ont été réalisées pour le compte de la Commission. Les audiences sont rapportées dans 76 000 pages de transcriptions. Cette commission a coûté 57 millions de dollars. Des centaines de recommandations (environ 440) ont été faites aux gouvernements et aux Autochtones. Ces recommandations visaient deux aspects fondamentaux de la situation des Autochtones.

Premièrement, une nouvelle relation politique devait changer le rapport de forces entre l'État et les Autochtones. La Commission proposait d'instaurer un troisième ordre de gouvernement pour chacune des nations, après l'adoption d'une loi fédérale sur l'autonomie politique et la ratification de traités modernes. Une troisième chambre devait s'ajouter au Parlement fédéral à côté de la Chambre des communes et du Sénat. Cette nouvelle chambre aurait été composée de représentants des peuples autochtones et aurait eu la responsabilité d'examiner toutes les lois qui les touchent. Le ministère des Affaires indiennes devait être aboli et remplacé par deux ministères, l'un responsable des relations politiques, l'autre de l'administration. La Commission, dans le volume 2 de son rapport, a expliqué avec force détails en quoi devaient consister les mécanismes de transition, qui devaient être légitimes et démocratiques, et qui devaient mener à des gouvernements qui n'auraient plus à s'administrer au moyen de la Loi sur les Indiens. L'assise territoriale des Premières Nations devait aussi être agrandie, et l'attribution de pouvoirs fiscaux devait favoriser leur développement économique.

L'autre aspect de la situation des Autochtones faisant l'objet de recommandations concerne la capacité des individus à transformer leurs conditions socioéconomiques. Il y est question d'institutions contrôlées par les Autochtones, institutions qui mettraient en place un processus de guérison nécessaire à la suite des blessures infligées par le colonialisme du passé. Il s'agit ici, notamment, des pensionnats. Dix mille travailleurs de la santé devaient s'ajouter à ceux qui œuvrent présentement dans ce domaine. Il était question de mettre sur pied de vastes programmes pour les soins maternels et d'éducation de la petite enfance. Environ 30 milliards devaient être investis afin de réduire de moitié l'écart dans la situation socioéconomique entre les Autochtones et les autres Canadiens. Ce qui, au bout de vingt ans, devait permettre de réduire considérablement la dépendance à l'égard des transferts gouvernementaux. En 1996, ces derniers étaient en moyenne de 57 % supérieurs à ceux destinés aux autres Canadiens, et ce, principalement à cause des problèmes sociaux découlant de la période coloniale. En 2006, dix ans après le rapport de la Commission royale, l'entente de Kelowna conclue avec le gouvernement libéral de Paul Martin (abandonnée ensuite par les conservateurs) visait à amorcer timidement la mise en œuvre de ces recommandations relatives à la réduction de l'écart dans les conditions de vie.

Plusieurs observateurs ont dénoncé le fait que le rapport de la Commission royale soit resté sur les tablettes, d'autres l'ont qualifié de trop ambitieux et de trop volumineux. Toutefois, ce rapport est devenu un outil d'analyse incontournable, et les transformations politiques qui ont cours présentement s'en inspirent. La Cour suprême y fait référence à l'occasion dans ses décisions relatives aux droits des Autochtones.

Une des recommandations de la Commission envisage la réunification des bandes et communautés autochtones en environ quatre-vingts nations modernes. « De nombreux peuples autochtones qui constituaient jadis des nations historiques se sont fragmentés et dispersés au cours du XIXe siècle, sous l'effet du colonialisme et des politiques gouvernementales, de sorte que leur sentiment d'identité commune s'est effrité et que leurs liens politiques internes se sont relâchés. À notre avis, il est urgent que ces nations se reconstituent en tant qu'unités politiques modernes. C'est seulement ainsi qu'elles pourront efficacement protéger et enrichir leurs langues, leurs cultures et leurs traditions distinctes[2] ». J'ai traité ailleurs du dilemme que pose aux Premières Nations cette recommandation[3].

On voit dans les entretiens présentés dans cet ouvrage que, pour Ghislain Picard, l'instauration d'un niveau de gouvernement réunissant les bandes actuelles en « unités politiques modernes » demeure une question ouverte. On y voit également que le Forum socioéconomique des Premières Nations, tenu en octobre 2006 à Mashteuiatsh, au Lac-Saint-Jean, à l'initiative de Ghislain Picard, représente un effort de concertation afin que se réalise, au Québec, le vœu de la Commission royale d'améliorer les conditions de vie des Autochtones. Notons enfin, à la lumière d'une déclaration faite par Ghislain Picard à l'occasion des élections fédérales d'octobre 2008, que l'Assemblée des Premières Nations du Québec et du Labrador est ouverte à toutes les options politiques afin de « sortir » de la Loi sur les Indiens et du statu quo :

L'avenir des Premières Nations dans la confédération canadienne représente assurément l'un des principaux défis qui attendent le prochain gouvernement canadien.

---

2. Rapport de la Commission royale sur les peuples autochtones, 1996, vol. 2, p. 199.

3. « Jusqu'à quatre-vingts nations autochtones au Canada ? », Recherches amérindiennes au Québec, vol. 37, n° 1, 2007, p. 77-84.

Les Premières Nations du Québec sont résolument engagées dans la reconquête de leur souveraineté et l'exercice
de leur pleine autonomie. À défaut de reconnaître cette
réalité, nous n'avons d'autre choix que de repenser en profondeur notre relation avec le gouvernement fédéral et
nous devrons évaluer les options qui s'offrent à nous[4].

4. Voir le texte complet dans la deuxième partie de ce livre, chapitre 5 : « Qu'est-ce que ça prendra ? »

Annexe 2

Les droits des peuples autochtones et la Loi constitutionnelle de 1982

Partie II — Droits des peuples autochtones du Canada

Article 35 :

(1) Les droits existants — ancestraux et issus de traités — des peuples autochtones du Canada sont reconnus et confirmés.

(2) Dans la présente loi, « peuples autochtones du Canada » s'entend notamment des Indiens, des Inuits et des Métis du Canada.

(3) Il est entendu que sont compris parmi les droits issus de traités, dont il est fait mention au paragraphe (1), les droits existants issus d'accords sur des revendications territoriales ou ceux susceptibles d'être ainsi acquis.

(4) Indépendamment de toute autre disposition de la présente loi, les droits — ancestraux et issus de traités — visés au paragraphe (1) sont garantis également aux personnes des deux sexes.

Partie I — Charte canadienne des droits et libertés

Article 25 :

Le fait que la présente charte garantit certains droits et libertés ne porte pas atteinte aux droits et libertés — ancestraux et issus de traités ou autres — des peuples autochtones du Canada, notamment :

a) aux droits ou libertés reconnus par la Proclamation royale du 7 octobre 1763 ;

b) aux droits et libertés existants issus d'accords sur des revendications territoriales ou ceux susceptibles d'être ainsi acquis.

Annexe 3

Résolution de l'Assemblée nationale du 20 mars 1985 sur la reconnaissance des droits des Autochtones

Que cette Assemblée :

Reconnaisse l'existence au Québec des nations abénaquise, algonquine, attikamek, crie, huronne, micmaque, mohawk, montagnaise, naskapie et inuite ;

Reconnaisse leurs droits ancestraux existants et les droits inscrits dans les conventions de la Baie-James et du Nord-est québécois ;

Considère que ces conventions, de même que toute autre convention ou entente future de même nature, ont valeur de traités ;

Souscrive à la démarche que le gouvernement a engagée avec les Autochtones afin de mieux reconnaître et préciser leurs droits, cette démarche s'appuyant à la fois sur la légitimité historique et sur l'importance pour la société québécoise d'établir avec les Autochtones des rapports harmonieux fondés sur le respect des droits et la confiance mutuelle ;

Presse le gouvernement de poursuivre les négociations avec les nations autochtones en se fondant, sans s'y limiter, sur les quinze principes qu'il a approuvés le 9 février 1983 en réponse aux propositions qui lui ont été transmises le 30 novembre 1982 et de conclure avec les nations qui le désirent, ou l'une ou l'autre des communautés qui les constituent, des ententes leur assurant l'exercice :

(a) du droit à l'autonomie au sein du Québec ;

(b) du droit à leur culture, leur langue, leurs traditions ;

(c) du droit de posséder et de contrôler des terres ;

(d) du droit de chasser, pêcher, piéger, récolter et participer à la gestion des ressources fauniques ;

(e) du droit de participer au développement économique du Québec et d'en bénéficier,

de façon à leur permettre de se développer en tant que nations distinctes ayant leur identité propre et exerçant leurs droits au sein du Québec ;

Déclare que les droits des Autochtones s'appliquent également aux hommes et aux femmes ;

Affirme sa volonté de protéger dans ses lois fondamentales les droits inscrits dans les ententes conclues avec les nations autochtones du Québec ; et

Convienne que soit établi un forum parlementaire permanent permettant aux Autochtones de faire connaître leurs droits, leurs aspirations et leurs besoins.

TABLE DES MATIÈRES

Imprimé sur du papier 100 % postconsommation,
traité sans chlore, certifié ÉcoLogo
et fabriqué dans une usine fonctionnant au biogaz.

MISE EN PAGES ET TYPOGRAPHIE :
LES ÉDITIONS DU BORÉAL

ACHEVÉ D'IMPRIMER EN FÉVRIER 2009
SUR LES PRESSES DE MARQUIS IMPRIMEUR
À CAP-SAINT-IGNACE (QUÉBEC).